Perdón
RADICAL

Un camino hacia la felicidad y la paz interior

Por COLIN C . TIPPING

Segunda Edición

RADICAL Forgiveness, Making Room for the Miracle.

Primera publicación en Octubre, 1997
Segunda Edición: Publicado en Primavera, 2002
Edición en Español: Publicado en Otoño, 2007

RADICAL Forgiveness, Radical Forgiveness Therapy (RFT), y 'Satori' Breathwork son marcas registradas de Global 13 Company Trust y el Instituto de Radical Forgiveness Therapy y Coaching, Inc.

ISBN 978-0-978699-33-8

Global 13 Publications, Inc.
26 Briar Gate Lane,
Marietta GA 30066
info@radicalforgiveness.com
Sitio Web: www.radicalforgiveness.com

Diseño de portada: TheNetMenCorp
Ilustraciones: JoAnn Tipping
Traducción: Maria Jose Velasques & Beatriz Schriber
Edición: Beatriz Schriber
Revisión: Dana Venturini
Dirección del proyecto: Shari Claire

Dedicado a la memoria de
Diana, Princesa de Gales
quien, a través de su demostración del poder
transformante del amor, abrió el chakra del corazón de Gran
Bretaña y de gran parte del mundo.

Agradecimientos

Mi gratitud y amor primero a mi esposa, JoAnn, por creer en mí y darme su apoyo total para escribir este libro, incluso cuando los tiempos eran difíciles. También debo un especial agradecimiento a mi hermana Jill, y mi cuñado, Jeff, por permitirme publicar una historia muy personal sobre ambos, sin la cual este libro hubiera resultado muy empobrecido. También agradezco a la hija de Jeff, Lorraine y mi hija Lorraine por la misma razón y a todos los miembros de la familia de Jill y Jeff que estuvieron dispuestos a leer este libro y ver lo mejor en cada una de las personas que jugaron un rol en la historia de Jill. También agradezco a mi hermano John quien atestiguó el desarrollo de la historia, por su paciencia y apoyo. Debo especial gratitud a Michael Ryce por su inspiración en las hojas de ejercicios de perdón y a Arnold Patent por iniciarme en la ley espiritual. Son incontables las personas que han contribuido de importantísimas formas a este libro y al trabajo de difundir el mensaje del Perdón Radical y agradezco diariamente por cada uno de ellos. Debo un agradecimiento a todos mis graduados del Instituto de Perdón Radical, quienes lo viven y lo realizan con el ejemplo y como maestros. Un especial agradecimiento a Debi Lee por permitirme contar su historia en todo el mundo y a Karen Taylor-Good cuyas canciones y cantos agregan un increíble y maravilloso tono a cada taller que presento – especialmente cuando ella está allí en persona. También agradezco especialmente a mis colegas y compañeros en el

Institute for Radical Fogiveness Therapy and Coaching, Inc. Muchas gracias a mi querida amiga de Guatemala, Rosa Maria que se inspiró para traducir el libro como un maravilloso regalo para mí y a Beatriz Schriber por el cuidadoso arreglo y revisión del texto. Finalmente, mi amor a mi madre y a mi padre por elegir tenerme y por aceptar mi pedido de encarnar a través de ellos.

El Autor

Nacido en 1941 de padres de clase obrera, Colin creció en Inglaterra durante la guerra y en la Gran Bretaña de post guerra. Tiene un hermano mayor y una hermana menor, a quienes usted conocerá en el Capítulo Uno, "La historia de Jill". En su propia opinión, sus padres fueron buenas personas, amorosas y trabajadoras, y se considera bendecido de haber tenido una infancia estable y agradable, a pesar de las dificultades sociales de la época.

Desde niño, Colin parecía inspirar la confianza de las personas que necesitaban hablar sobre sus sentimientos, ya que encontraban en él a alguien que los escuchaba sin juzgarlos. Después de servir cuatro años en la Fuerza Aérea Real, se convirtió en maestro de escuela secundaria y profesor universitario; aún allí la gente a menudo acudía a él en busca de consejo. Colin tiene tres hijos de su primer matrimonio, el cual terminó en divorcio luego de siete años. Su segundo matrimonio duró solamente cuatro años; sin embargo, sigue siendo amigo de sus ex esposas.

Emigró a los Estados Unidos en 1984, y poco tiempo después se certificó como hipnoterapista clínico. Le gustaba la hipnosis porque después de algunos años de experiencia llegó a la conclusión de que el usarla hacía que la terapia resultara tres veces más rápida.

No era religioso en ese entonces y aún ahora se considera "libre" de cualquier dogma religioso organizado. Su espiritualidad es esencialmente práctica y realista, simple, libre y abierta.

En 1992, él y su esposa JoAnn, a quien conoció en Atlanta y con quien se casó en 1990, crearon una serie de retiros de sanación en las montañas del norte de Georgia, enfocados a personas con cáncer. Reconociendo que la falta de perdón era una de las causas principales del problema, empezaron a refinar una nueva forma de perdón que más adelante se convirtió en lo que ahora llamamos Perdón Radical. A diferencia del perdón tradicional, el cual toma muchos años y universalmente se considera muy difícil de lograr, esta nueva forma de perdón tenía que ser rápida, fácil de hacer, simple y sin terapia.

En 1997, escribió la primera edición de este libro y empezó a conducir talleres en enero de 1998. Ahora tiene un Instituto para el Perdón Radical en los Estados Unidos, en Australia, Polonia y Alemania. No tiene planes para retirarse.

Si desea más información, visite la página de Internet **www.colintipping.net**

Prefacio

Cuando era estudiante de la Universidad de Londres, tuve la rara oportunidad de asistir a una conferencia dictada por un profesor de gran reputación, cuyos escritos sobre la Filosofía de la Educación eran legendarios. Después de la conferencia, un estudiante se puso de pie y retó al profesor diciendo que algo que había dicho en su conferencia contradecía lo que había escrito en su libro. La respuesta del profesor me dejó sin habla. Él dijo, *"Ah sí, yo dije eso en mi libro, pero he cambiado de opinión. Ya no creo que eso sea verdad."* Casi me caigo de la silla. Me di cuenta en ese momento de que, hasta entonces, siempre había considerado que todo lo escrito era, si no la verdad absoluta, por lo menos la inmutable y definitiva opinión del autor. El hecho de que esta respetable figura pudiera estar en desacuerdo con su propio libro fue para mí tanto un shock como una revelación.

La gran ventaja que yo tengo sobre mi profesor, sin embargo, es que como soy mi propio editor, puedo mantener mi libro actualizado conforme a mi manera de pensar cada vez que saco otra edición, añadiendo, borrando y cambiando lo necesario. Pero no se preocupen, puedo asegurarles que no he cambiado de parecer con respecto al Perdón Radical.

A pesar de que la mayoría de las personas no se han dado cuenta, a través de ciertos cambios he ido incrementando el libro en casi cada tiraje. En el año 2002, la cantidad de cambios y añadiduras que le hice fueron suficientes como para justificar una segunda edición. Al mismo tiempo introduje una nueva herramienta de Perdón Radical en un CD llamado "Los 13 Pasos del Perdón Radical."

El CD es un complemento del libro, ya que es una hoja de trabajo en audio. En el CD se habla sobre el mismo tipo de cosas que están en las hojas de trabajo, excepto que están planteadas como 13 preguntas cuya respuesta siempre es "Sí". Es realmente simple, pero increíblemente poderoso. No es necesario que crea en el proceso; simplemente escuche la pista del CD, diga "Sí" 13 veces y verá ocurrir el mismo tipo de milagros que suceden cuando se usan las hojas de trabajo. ¡Es increíble! Y hacerlo solamente toma cerca de siete minutos.

El CD también incluye cuatro maravillosas canciones de mi artista favorita, Karen Taylor-Good. Sus canciones están claramente alineadas con el Perdón Radical, y las interpreta adorablemente.

En el año 2003, el único cambio significativo que hice, aparte de actualizar los apéndices y cambiar el epílogo sobre el once de septiembre por unas palabras finales, fue reemplazar el Capítulo 30, *El Despertar del Niño Interior* con un capítulo sobre el *Auto Perdón Radical.* (La Meditación de "Despertar" sigue estando disponible en CD.)

El epílogo sobre el once de septiembre, que era una demostración de cómo el Proceso de los Cuatro Pasos para el Perdón Radical puede utilizarse en situaciones como las del once de septiembre, ahora está archivado en nuestra página Web y puede descargarse sin costo alguno. En la página principal, haga clic sobre *"descargas".* Allí lo encontrará.

Así como en este prefacio, el tema del epílogo es el "cambio". Pero puesto que lo que está leyendo ahora es en donde nos encontramos en el presente, las palabras finales establecen mi visión respecto a dónde nos dirigimos con el Perdón Radical. Lo he colocado al final del libro porque será mucho más significativo para usted una vez que haya leído las páginas intermedias y haya realizado unas cuantas hojas de trabajo.

(Nota: *Leer este libro y no completar las hojas de trabajo es no captar la idea en absoluto. El Perdón Radical tiene que ser experimentado para apreciarse—no es un ejercicio intelectual—y las hojas de trabajo son de lo que trata este libro. Así que no se engañe a sí mismo no haciendo al menos unas cuantas hojas de trabajo para corregir algunas de las cosas que mantienen su energía bloqueada. Su vida será mejor y puede que incluso sucedan algunos milagros. De seguro se lo merece.*

También he escrito y publicado tres nuevos libros:

1. Una Encarnación Radical
Es un libro bastante inusual que trata de explicar, en términos espirituales, qué sucede en el mundo de hoy. Hay un subtítulo *"El Presidente de los Estados Unidos se convierte en un Iluminado, sana América y despierta a la Humanidad— Una fantasía Espiritual".*

Sí, es bastante divertido, pero también tiene un lado bastante serio. En 1999, anuncié mi misión de esta manera: *"Mi misión es elevar la conciencia del planeta a través del Perdón Radical y crear un mundo de perdón para el año 2012."* El libro de Encarnación Radical y el programa respectivo en línea, son testimonio del hecho de que finalmente he llegado a creer que este no es sólo un sueño, sino que es eminentemente posible. Este libro no solamente indica cómo puede suceder, sino que también lo invita a ayudar a que suceda.

2. *Inteligencia Espiritual en el Trabajo*
Este libro establece la razón fundamental por la que diseñé un sistema para corporaciones llamado *"El Sistema de Administración Energético Cuántico"*. Esencialmente, es una manera de utilizar el Perdón Radical en los lugares de trabajo para incrementar la productividad, reducir el conflicto, levantar la moral y mejorar la cultura de la organización.

3. *Manifestación Radical:* El Buen Arte de Crear la Vida *que Usted Desea.*
Este libro es literalmente acerca de cómo manifestar el futuro. Una vez que ha aprendido cómo sanar el pasado a través del Perdón Radical, se encontrará en una posición ideal para crear su vida tal como usted la quiere. También es parte de un nuevo *Programa de Poder Radical.*

Y bien, por ahora, esas son las noticias sobre las actualizaciones. Mientras tanto, lean este libro y disfrútenlo; completen las hojas de trabajo y luego acompáñenme al epílogo para leer una presentación acerca de lo que sigue. Para ese entonces, ¡puede que se haya embarcado en el viaje de su vida! Eso espero, porque no puedo hacer esto yo solo. Lo necesito a usted y a otros como usted para hacer realidad el sueño de un mundo sanado.

Si desea más información, visite la página de Internet **www.radicalforgiveness.com.**

Namasté.

Julio 2007

Preámbulo

Siento un gran placer por haber traído al mercado en el año 2007 la versión en español de este libro, el que publiqué por primera vez en inglés en 1997. Lleva mucho tiempo atrasado y confío en que será tan bien leído y aceptado en los países hispano parlantes como lo ha sido en otras partes del mundo.

Soy conciente de las variaciones en el uso del lenguaje y del estilo en los diferentes países de América Central y del Sur y hemos hecho lo mejor posible para que el libro sea traducido de manera que respete todas las tradiciones. Donde hemos elegido una forma en vez de otra, espero que aquellos que hubieran preferido otra alternativa nos perdonen y puedan concentrarse en lo que hemos intentado decir en vez de en cómo lo hemos dicho.

La hoja de trabajo, que es el tema del capítulo 20, está disponible en Español en nuestro sitio Web, www.radicalforgiveness.com.

Y debo decir lo siguiente acerca de la hoja de trabajo. Leer este libro y no completar las hojas de trabajo significa no captar la idea del libro en absoluto. El Perdón Radical debe ser experimentado para ser apreciado - no es un ejercicio intelectual – y la hoja de trabajo es el tema del libro. Entonces, no se limite a usted mismo no completando al menos unas pocas hojas de trabajo con el objetivo de resolver algunos de los obstáculos que mantienen su energía bloqueada. Su vida funcionará mejor y usted será mucho más feliz.

Entonces, siga leyendo, complete algunas de las hojas de trabajo y luego acompáñeme al Epílogo (Palabras finales) para una conversación sobre lo que sigue. Para entonces, se encontrará embarcado en un viaje de toda la vida. Eso espero, porque no puedo hacer esto solo. Necesito de usted y de muchos otros como usted para hacer realidad el sueño de un mundo sanado.

Namaste.

Noviembre 2007

Contenido

PARTE III AMPLIACIÓN DE LAS SUPOSICIONES

PARTE IV HERRAMIENTAS PARA EL PERDÓN RADICAL

ILUSTRACIONES Y TABLAS

Introducción

En donde quiera que veamos—en los periódicos, la televisión e incluso en nuestras propias vidas, vemos ejemplos de víctimas tremendamente heridas. Leemos, por ejemplo, que hoy al menos uno de cada cinco adultos en los Estados Unidos ha sido abusado de niño, tanto física como sexualmente. Las noticias en la televisión confirman que la violación y el asesinato son muy comunes en nuestras comunidades, y el crimen en contra de las personas y la propiedad impera en todos lados. En todo el mundo vemos tortura, represión, encarcelamiento, genocidio y contiendas abiertas a grandes escalas.

Por un período de diez años, desde que empecé a realizar talleres de perdón, retiros para personas con cáncer y seminarios corporativos, he escuchado suficientes historias de horror de personas comunes y corrientes como para convencerme de que no existe un ser humano en el planeta que no haya sido seriamente victimizado cuando menos una vez, y en menor escala más veces de las que se pueden contar. ¿Quién entre nosotros puede decir que nunca ha culpado a alguien más por su infelicidad? Para la mayoría, si no es que para todos nosotros, esa es simplemente una forma de vida.

Ciertamente, el arquetipo de víctima se encuentra arraigado en todos nosotros y ejerce un gran poder en la conciencia colectiva. Por siglos hemos estado actuando como víctimas en todos los aspectos de nuestras vidas, convenciéndonos a nosotros mismos de que la conciencia de víctima es absolutamente inherente a la condición humana. Ha llegado el momento de hacernos la pregunta— ¿cómo podemos dejar de crear nuestras vidas de esta manera y desprendernos del arquetipo de víctima como modelo a seguir para vivir nuestras vidas?.

Para liberarnos de este poderoso arquetipo debemos reemplazarlo con algo *radicalmente* distinto—algo tan apremiante y espiritualmente liberador que nos aleje del arquetipo de víctima y del mundo de la ilusión. Necesitamos algo que nos lleve más allá del drama de nuestras vidas para que podamos ver toda la película y la *verdad* que ahora se encuentra escondida. Cuando despertemos a esa verdad, entenderemos el verdadero significado de nuestro sufrimiento y podremos transformarlo de inmediato.

Conforme entramos al nuevo milenio y nos preparamos para el inminente gran salto en nuestra evolución espiritual, es esencial que adoptemos una forma de vida basada no en el miedo, el control y el abuso de poder, sino en el verdadero perdón, amor incondicional y paz. A eso me refiero cuando digo algo *radical,* y de eso se trata mi libro—de ayudarnos a hacer la transición.

Para transformar cualquier cosa, debemos tener la capacidad de experimentarla completa y plenamente, lo que significa que para transformar el arquetipo de víctima debemos experimentar la victimización completamente. ¡No hay atajos! Por lo tanto, necesitamos situaciones en nuestras vidas que nos permitan sentirnos victimizados para que podamos transformar la energía a través del **Perdón Radical.**

Para transformar un patrón de energía tan fundamental como el arquetipo de víctima, muchas, muchas almas deben aceptarlo como su misión espiritual—almas que posean la sabiduría y el amor necesario para lograr esta inmensa tarea. Tal vez usted es/sea una de estas almas voluntarias para esta misión. ¿Será esta la razón por la cual tiene este libro en sus manos?

Jesús dio una poderosa demostración sobre lo que significa transformar el arquetipo de víctima, y yo creo que Él ahora espera paciente y amorosamente que nosotros sigamos su ejemplo. Al menos hasta ahora hemos fallado en aprender a través de su ejemplo precisamente porque el arquetipo de víctima se encuentra fuertemente arraigado en nuestra psique.

Hemos ignorado la lección que Jesús enseñó acerca del perdón verdadero—no hay víctimas. Aun así, nos acomodamos en nuestro lugar e intentamos perdonar mientras seguimos estando firmemente aferrados a ser víctimas. Hemos hecho de Jesús la víctima suprema, y esto no nos permitirá avanzar en nuestra evolución espiritual. El verdadero perdón debe incluir el despojarnos completamente de nuestra conciencia de víctima.

Ciertamente, mi intención principal al escribir este libro era dejar bien clara la distinción entre el perdón que alimenta el arquetipo de víctima y el **Perdón Radical** que nos libera de él. El perdón radical nos reta a cambiar nuestra percepción del mundo y nuestras interpretaciones de lo que sucede en nuestras vidas, a fin de que podamos dejar de ser víctimas. Mi único objetivo es ayudarle a lograr ese cambio.

Reconozco que las ideas que presento aquí pueden ser extremadamente desafiantes para alguien que haya sido victimizado severamente y que aún lleva mucho dolor consigo. Sólo le pido que lea este libro con una mente abierta y vea si se siente mejor al terminar de leerlo.

Puedo asegurarle que los comentarios que he recibido mientras escribía esta segunda edición del libro, tanto de mis lectores como de quienes han asistido a mis talleres, han sido abrumadoramente positivos. Incluso aquellas personas que habían estado por mucho tiempo con dolor emocional, encontraron este libro muy liberador y sanador—y a los talleres, transformadores.

Lo que también ha sido maravilloso y gratificante es el impacto que ha tenido el Capítulo Uno, *"La Historia de Jill"*, el cual ha proporcionado sanación instantánea para muchas, muchas personas. Originalmente pensé que lo estaba escribiendo como una guía a los conceptos e ideas sobre el Perdón Radical, pero ahora reconozco que el Espíritu es más sabio y estaba guiando mi mano en todo esto. Recibo muchas llamadas de personas, a menudo llorando, quienes acabando de leer la historia me dicen que se ven a ellos mismos en ella, y sienten que su sanación ya ha empezado.

Estaré eternamente agradecido a mi hermana y a mi cuñado por permitirme contar su historia y por darle al mundo ese regalo.

Me siento muy humilde ante la respuesta que he recibido por este libro y rápidamente se me ha hecho claro que estoy siendo usado por el Espíritu para compartir este mensaje a fin de que todos podamos sanar, aumentar nuestra frecuencia vibratoria e irnos a casa. Me siento agradecido de poder prestar este servicio.

Namasté.

Colin Tipping

* www.radicalforgiveness.com

4

PARTE UNO

Una Sanación Radical

Nota del Autor

Para darle a usted una idea de lo que yo llamo Perdón Radical, he presentado la siguiente historia real de cómo este proceso salvó el matrimonio de mi hermana y cambió su vida. Desde ese entonces, el Perdón Radical ha impactado positivamente la vida de incontables personas, ya que no mucho tiempo después de este episodio con mi hermana, me di cuenta de que el proceso se podía usar como una forma de ayuda bastante diferente a la psicoterapia tradicional y a la terapia matrimonial. Ahora ofrezco lo que llamo Entrenamiento en el Perdón Radical a clientes en mi práctica privada y durante mis talleres. Muy pocas veces necesito utilizar el tipo de terapia que antes practicaba, ya que me doy cuenta de que los problemas más o menos desaparecen cuando se les enseña a las personas cómo usar las herramientas del Perdón Radical.

C.T.

5

1: La Historia de Jill

En el momento en que vi a mi hermana Jill salir al lobby d e l Aeropuerto Internacional de Hartsfield Atlanta, supe que algo andaba mal. Ella nunca había ocultado muy bien sus sentimientos y era obvio para mí que estaba sufriendo un dolor emocional.

Jill había volado desde Inglaterra hacia los Estados Unidos con mi hermano John, a quien yo no había visto desde hacía dieciséis años. El había emigrado de Inglaterra a Australia en 1972, y yo a los Estados Unidos en 1984—Jill era entonces, y aún lo es, la única de los tres hermanos que vivía en Inglaterra. John había hecho un viaje a casa, y este viaje a Atlanta representaba la última parte de su viaje de regreso. Jill lo acompañó a Atlanta para visitarnos a mí y a mi esposa JoAnna por un par de semanas y para poder despedirlo cuando se fuera a Australia.

Después de los abrazos y besos iniciales y de cierta incomodidad, nos fuimos al hotel. Yo había reservado habitaciones para una noche para que JoAnn y yo les pudiéramos mostrar Atlanta al día siguiente antes de manejar de vuelta a nuestro hogar en el norte.

Tan pronto como tuvimos la oportunidad de hablar seriamente, Jill dijo, "Colin, las cosas no están bien en casa. Creo que Jeff y yo nos estamos separando".

Independientemente del hecho de que yo había notado que algo andaba mal con mi hermana, esta noticia me sorprendió. Siempre había pensado que ella y su esposo Jeff eran felices en su matrimonio de seis años. Ambos había estado casados anteriormente pero esta relación parecía ser fuerte. Jeff tenía tres hijos con su anterior esposa, mientras Jill tenía cuatro. Su hijo menor, Paul, era el único que aún vivía en casa.

"¿Qué está pasando?" pregunté

"Bueno, todo es bastante extraño y no sé exactamente dónde comenzar" dijo. "Jeff está actuando bastante extraño y yo ya no aguanto esta situación. Hemos llegado al punto en que no nos podemos hablar más. Me está matando. El se ha alejado de mí por completo y dice que todo es culpa mía."

"Cuéntamelo" le dije hechando una mirada a John, quien puso cara de impaciencia. Él había pasado una semana con ellos antes de volar a Atlanta, y a juzgar por su reacción supuse que había escuchado lo suficiente acerca del tema para que le durara por mucho tiempo.

"¿Recuerdas a Lorraine, la hija mayor de Jeff?", preguntó Jill. Yo asentí. "Bueno, su esposo murió en un accidente automovilístico hace un año. Desde entonces, ella y Jeff han desarrollado esta extraña relación. Cada vez que ella llama, el se lanza sobre ella llamándola *"Amor"* y pasa horas susurrándole al oído. Uno pensaría que son amantes, no padre e hija. Si él está haciendo algo y ella llama, deja todo para hablar con ella. Si ella viene a nuestra casa, actúa de la misma manera—o peor. Se acurrucan juntos en esta profunda y callada conversación que excluye a todos los demás, especialmente a mí. Yo ya no lo aguanto. Siento que ella se ha convertido en el centro de su vida, y es como si yo no existiera. Me siento totalmente excluida e ignorada."

Ella siguió dando más y más detalles sobre la extraña dinámica familiar que se había desarrollado. JoAnna y yo escuchábamos con atención. Le preguntamos sobre el por qué del comportamiento de Jeff, y fuimos generalmente comprensivos. Le hicimos sugerencias respecto a cómo podría hablar con él acerca de su comportamiento y, en general, tratamos de encontrar alguna forma de arreglar las cosas, como cualquier hermano y cuñada preocupados lo harían. John también la apoyaba y también le ofrecía sus puntos de vista sobre la situación.

Lo que me parecía extraño y sospechoso era la naturaleza poco característica del comportamiento de Jeff. El Jeff que yo conocía era afectuoso con sus hijas y ciertamente lo suficientemente codependiente como para necesitar su aprobación y amor, pero nunca lo había visto comportarse en la manera que Jill describía. Siempre lo había visto cariñoso y afectuoso hacia Jill. De hecho, me costaba mucho trabajo creer que la tratara tan cruelmente. Se me hizo fácil comprender por qué esta situación hacía infeliz a Jill y cómo la insistencia de Jeff de que ella lo estaba imaginando todo y se estaba enfermando mentalmente, empeoraba las cosas.

La conversación continuó al día siguiente. Yo comencé a tener una idea de lo que estaba pasando entre Jill y Jeff desde el punto de vista del Perdón Radical, pero decidí no mencionarlo— al menos no de inmediato. Ella también estaba atrapada en el drama de la situación y no hubiera podido escuchar y comprender lo que yo tenía que decir. El Perdón Radical está basado en una perspectiva espiritual muy amplia, que no era parte de nuestra realidad cuando vivíamos en Inglaterra.

9

Estando seguro de que tanto ella como John no sabían de mis creencias relativas al Perdón Radical, sentí que aún no había llegado el momento de introducir un pensamiento tan desafiante como *"esto es perfecto tal como es: representa una oportunidad para sanar."*

Sin embargo, después del segundo día de darle vueltas y vueltas verbalmente al problema, decidí que ya iba siendo hora de abordar la situación usando la perspectiva del Perdón Radical. Esto requería que mi hermana estuviera dispuesta a contemplar la posibilidad de que algo más allá de lo obvio estaba sucediendo—algo que tenía un propósito, divinamente guiado para su bienestar. Aún así, Jill estaba tan empeñada en ser la *víctima* en la situación, que yo no estaba seguro de poder hacer que escuchara una interpretación sobre el comportamiento de Jeff que la sacara de ese papel.

Sin embargo, justo cuando mi hermana comenzaba otra repetición de lo que había dicho el día anterior, decidí intervenir. Con vacilación, le dije, "Jill, ¿estás dispuesta a ver esta situación de una manera diferente? ¿estás dispuesta a que yo te de una interpretación bastante diferente de lo que está pasando?"

Ella me miró inquisitivamente, como si estuviera preguntándose *"¿Cómo puede haber otra interpretación? ¡Es como es!"* Sin embargo, tengo ciertos precedentes con Jill, ya que anteriormente la había ayudado a solucionar un problema en una relación, así que ella confiaba en mí lo suficiente como para decirme, "Bueno, creo que sí. ¿Qué tienes en mente?"

Esta era la oportunidad que yo estaba esperando. "Lo que voy a decir puede sonar extraño, pero trata de no cuestionarlo hasta que yo haya terminado. Simplemente mantente abierta a la posibilidad de que lo que voy a decirte es verdad y piensa si de alguna manera tiene sentido para ti."

Hasta ese momento, John había hecho su mejor esfuerzo para prestarle atención a Jill, pero su conversación repetitiva sobre Jeff había empezado a aburrirlo tremendamente. De hecho, hacía mucho tiempo que había dejado de prestarle atención. Sin embargo, yo estaba plenamente consciente de que mi intervención había logrado que John se reanimara y volviera a escuchar.

"Lo que tú nos has descrito, Jill, verdaderamente representa la verdad tal como tú la ves", comencé. "No tengo ni la menor duda de que esto esté ocurriendo tal y como tú lo describes. Además, John ha sido testigo de la situación durante las últimas tres semanas y confirma tu historia, ¿cierto, John?" pregunté volviéndome hacia mi hermano.

"Absolutamente" confirmó. "Yo vi que eso sucedía a menudo, tal y como Jill dice. Pensé que era bastante extraño y, sinceramente, la mayor parte del tiempo me sentía incómodo estando allí."

"No me sorprende", dije. "De todas maneras Jill, quiero que sepas que nada de lo que yo diga negará lo que has dicho o invalidará tu historia. Creo que sucedió de la manera en que tú dijiste que sucedió. Sin embargo, deja que te dé una pista respecto a lo que puede estar pasando por debajo de esta situación".

"¿A qué te refieres con *por debajo de la situación?*", me preguntó Jill mirándome con suspicacia.

11

"Es perfectamente natural pensar que *todo lo que está allá afuera es la realidad*". Le expliqué. "Pero tal vez hay más cosas sucediendo por debajo de esa realidad. No percibimos nada más porque nuestros cinco sentidos no son adecuados para la tarea. Pero eso no significa que no está ocurriendo."

"Toma por ejemplo tu situación. Tú y Jeff tienen este drama. Eso está claro. Pero ¿qué pasa si por debajo del drama está sucediendo algo de una naturaleza más espiritual —las mismas personas y los mismos eventos—pero con un significado totalmente distinto? ¿Qué pasaría si sus dos almas bailan la misma danza pero al compás de una melodía completamente distinta? ¿Qué pasaría si la razón de esa danza fuera para tu sanación? ¿Qué pasaría si pudieras ver esto como una oportunidad para sanarte y crecer? Eso sería una interpretación muy diferente, ¿o no?".

Tanto Jill como John me miraron como si estuviera hablando en otro idioma. Decidí hacer a un lado la explicación e ir directamente a la experiencia.

"Veamos los últimos tres meses, Jill.", proseguí. "¿Qué era lo que más sentías cuando veías a Jeff comportándose tan amorosamente con su hija Lorraine?".

"Enojo, la mayor parte del tiempo" dijo ella, pero continuó pensando en ello. "Frustración", añadió. Luego, después de una larga pausa, "y tristeza; realmente me sentía triste." Las lágrimas empezaron a brotar de sus ojos. "Me siento tan sola y tan poco amada," dijo y empezó a sollozar en silencio. "No me sentiría tan mal si pensara que él no es capaz de mostrar amor, pero sí puede hacerlo, y de hecho lo hace —¡pero con *ella*!"

Dijo las últimas palabras con vehemencia y enojo y empezó a sollozar incontrolablemente por primera vez desde que había llegado. Había derramado unas cuantas lágrimas antes de esto, pero no se había permitido llorar de vedad. Ahora, al fin, las estaba dejando salir. Estaba complacido porque Jill había podido entrar en contacto con sus emociones con esa rapidez.

Pasaron diez minutos antes de que ella parara de llorar y yo sintiera que podía hablar. En ese momento pregunté, "Jill, ¿puedes recordar si alguna vez, cuando eras una niña pequeña, te sentiste así?" Sin dudar respondió "Sí". No dijo inmediatamente cuándo, así que le pedí que lo explicara. Le tomó un momento responder.

"!Papá tampoco me amaba!" dijo finalmente, y comenzó a llorar de nuevo. "Yo quería que él me amara, pero no lo hizo. ¡Pensé que no podía amar a nadie! Luego llegó tu hija, Colin. El sí que la amaba. Así que ¿por qué no podía amarme a mí? ¡Maldición!" Le dio un puñetazo a la mesa, gritando, y comenzó a llorar incontrolablemente.

Jill se refería a mi hija mayor, Lorraine. En coincidencia, o mejor dicho, en sincronía, mi hija mayor y la hija mayor de Jeff tienen el mismo nombre.

Llorar le cayó muy bien a Jill. Sus lágrimas sirvieron como una poderosa liberación y posiblemente como un punto de cambio en ella. Pensé que el momento decisivo estaba cerca. Necesitaba seguir empujándola.

"Cuéntame sobre el incidente con mi hija Lorraine y Papá" le dije.

13

"Bueno," dijo Jill, mientras se calmaba. "Siempre me sentí poco amada por Papá y realmente deseaba su amor. Él nunca me tomó de la mano o me sentó en su regazo por mucho tiempo. Siempre sentí que probablemente había algo mal en mí. Cuando era mayor, Mamá me dijo que ella pensaba que Papá era incapaz de amar a alguien, ni siquiera a ella. En ese momento más o menos hice las paces al respecto. Pensé racionalmente que si él no era capaz de amar a nadie, entonces no era mi culpa que no me amara. Él realmente no amaba a nadie. Casi ni se emocionó con mis hijos—sus propios nietos—mucho menos con personas o con niños que no eran sus parientes. No fue un mal padre. Simplemente no podía amar. Sentía lástima por él."

Lloró un poco más, tomándose su tiempo ahora. Sabía lo que quería decir sobre nuestro padre. Él era un hombre muy bondadoso y suave pero bastante callado y retraído. La mayoría de las veces, realmente parecía no estar disponible emocionalmente.

Mientras Jill se sobreponía una vez más, continuó, "recuerdo un día en particular en tu casa. Tu hija Lorraine probablemente tenía cuatro o cinco años. Mamá y Papá estaban de visita de Leicester y todos fuimos a tu casa. Vi a tu Lorraine tomar la mano de Papá. Ella dijo, *Vamos abuelo. Déjame mostrarte el jardín y todas mis flores.* Él era como masilla en sus manos. Ella lo llevó a todas partes y hablaba y hablaba, enseñándole todas las flores. Lo cautivó. Yo los veía desde la ventana todo el tiempo. Cuando volvieron a la casa, él la sentó en su regazo y se comportó juguetón y alegre, como nunca lo había visto."

"Yo estaba devastada. *Así que después de todo, sí puede amar.*" Si pudo amar a Lorraine, ¿por qué no a mi?" Las últimas palabras salieron como un susurro seguido de muchas lágrimas, dolor y tristeza, lágrimas que habían estado reprimidas durante todos esos años.

Me di cuenta de que ya era suficiente por el momento y sugerí que hiciéramos té. *(Bueno, ¡somos ingleses! ¡Siempre preparamos té, sin importar lo que pase!)*

Interpretando la historia de Jill desde el punto de vista del Perdón Radical, fácilmente vi que el comportamiento extraño de Jeff inconscientemente estaba diseñado para ayudarla a sanar su relación no resuelta con su padre. Si tan sólo pudiera verlo así y reconocer la perfección del comportamiento de Jeff, podría sanar su dolor y el comportamiento de Jeff ciertamente pararía. Sin embargo, no estaba seguro de cómo explicarle esto a Jill de una manera que pudiera entender en ese momento. Por suerte, no tuve que intentarlo. Ella misma encontró la obvia relación entre un hecho y otro.

Más tarde ese día, ella me preguntó, "Colin, ¿no te parece extraño que tu hija y la hija de Jeff tengan el mismo nombre? Si lo pienso, ambas son rubias y primogénitas. ¡No es esa una extraña coincidencia! ¿Crees que haya una conexión?"

Me reí y replique, "Absolutamente, es la clave para entender toda esta situación."

Me miró larga e intensamente. "¿A qué te refieres?"

"¡Resuélvelo tu misma!" repliqué. "¿Qué otras similitudes ves entre esa situación con Papá y mi Lorraine y tu situación actual?"

15

"Bueno, veamos" dijo Jill. "Ambas chicas tienen el mismo nombre. Ambas aparentemente pueden obtener lo que yo no puedo obtener de los hombres de mi vida."

"¿Qué?" pregunté.

"Amor" dijo en un susurro.

"Sigue" le pedí suavemente.

"Parece que tu Lorraine pudo obtener el amor de Papá que yo no pude. Y la hija de Jeff, Lorraine, obtiene todo el amor que quiere de su padre, pero a mi costa. ¡Oh Dios!" exclamó. Realmente estaba empezando a comprender.

"Pero, ¿por qué? No entiendo por qué. ¡Es un poco atemorizante! ¿Qué diablos está pasando?"preguntó en pánico.

Ya era el momento de armar el rompecabezas para ella. "Mira, Jill" le dije. "Déjame explicarte cómo funciona esto. Este es un perfecto ejemplo de lo que te estaba diciendo antes cuando te dije que por debajo del drama que llamamos vida, existe una realidad completamente diferente. Créeme, no hay nada de qué preocuparse. Cuando veas cómo funciona esto, te sentirás más confiada, más segura y más en paz de lo que alguna vez pensaste que sería posible. Te darás cuenta de cuánto nos apoya el Dios Universal, o como quieras llamarle, en cada momento de cada día sin importar qué tan mal veamos la situación en ese momento", le dije tan convincentemente como pude.

"Visto desde un punto de vista espiritual, nuestra incomodidad en cualquier situación nos proporciona una señal de que no estamos alineados con la ley espiritual y de que se nos está

16

dando una oportunidad para sanar algo. Puede ser algún dolor original o tal vez una creencia tóxica que nos impide convertirnos en lo que realmente somos. Sin embargo, usualmente no lo vemos desde esta perspectiva. En vez de eso, juzgamos la situación y culpamos a otros por lo que está pasando, lo que nos impide ver el mensaje o comprender la lección. Esto evita que sanemos. Si no sanamos lo que necesita ser sanado, crearemos más incomodidad hasta que nos veamos literalmente forzados a preguntar *¿qué está pasando aquí?* Algunas veces el mensaje tiene que ser demasiado fuerte o el dolor extremadamente intenso antes de que le prestemos atención. Una enfermedad que amenaza nuestra vida, por ejemplo, provee un mensaje muy poderoso. Sin embargo, aun cuando se encuentran de frente a la muerte, algunas personas no entienden la conexión entre lo que está pasando en sus vidas y la oportunidad para sanar que se les está brindando."

"En tu caso, lo que ha surgido para ser sanado en este momento es tu dolor original con respecto a tu padre y el hecho de que nunca te mostró amor. De eso se tratan tu dolor e incomodidad actuales. Este dolor específico ha surgido muchas veces antes en distintas situaciones, ves, porque como no reconociste la oportunidad, nunca se sanó. Es por ello que tener otra oportunidad de ver y sanar esta situación ¡es un regalo!"

"¿Un regalo?" preguntó Jill. "¿Quieres decir que es un regalo porque hay un mensaje en el para mi? ¿Uno que pude haber tenido hace mucho tiempo si hubiese podido verlo?"

"Si" dije. "Si lo hubieses visto en ese entonces, tu incomodidad hubiera sido menor y no estarías pasando por esto ahora. No importa. Ahora también está bien. Esto es perfecto y ahora no tendrás que producir una enfermedad que amenace tu vida para comprender esto, como muchas otras personas hacen.

Ahora lo estás comprendiendo; estás empezando a entender y a sanar."

"Déjame explicarte exactamente qué pasó y cómo ha afectado tu vida hasta ahora" le dije, esperando que entendiera claramente la dinámica de su situación actual.

"Cuando eras una niña pequeña, te sentiste abandonada y no amada por Papá. Para una niña, esto es devastador. Desde el punto de vista del desarrollo, es necesario que una niña joven se sienta amada por su padre. Como no sentiste ese amor, llegaste a la conclusión de que probablemente había algo mal en ti. Realmente empezaste a creer que eras indigna de ser amada e inherentemente *no eras suficiente*. Esa creencia se arraigó profundamente en tu mente subconsciente y luego, cuando se trataba de relaciones, empezó a manejar tu vida. En otras palabras, como una manera de reflejar tu creencia subconsciente de que *no eres suficiente*, tu vida siempre ha incluido situaciones reales que te muestran el hecho de que, realmente, *no eras suficiente*. Tu vida siempre confirmará que tus creencias son ciertas."

"De niña, el dolor de no obtener el amor de Papá era más de lo que podías soportar, así que suprimiste algo de ese dolor y reprimiste mucho más. Cuando suprimes emociones, sabes que están allí, pero las aplacas. Las emociones reprimidas, por otro lado, se entierran tan profundamente en la mente subconsciente que pierdes conciencia de ellas."

"Luego, cuando te empezaste a dar cuenta de que tu padre no era un hombre naturalmente amoroso y probablemente no podía amar a nadie, empezaste, de alguna manera, a sanarte a ti misma de los efectos de no sentirte amada por él. Probablemente liberaste algo del dolor suprimido y

18

probablemente empezaste a hacer a un lado la creencia de que no eras digna de ser amada. Después de todo, si él no podía amar a nadie, tal vez no era tu culpa que él no te amara."

"Luego, llegó la bomba que te devolvió al lugar en donde habías comenzado. Cuando lo observaste amando a mi Lorraine, eso propició tu creencia original. Te dijiste a ti misma, *Mi padre después de todo puede amar, pero no me ama a mí. Es mi culpa obviamente. No soy suficiente para mi padre y no seré suficiente para ningún hombre.* A partir de allí, continuamente creaste situaciones en tu vida para confirmar tu creencia de que *no eres suficiente.*"

"¿Cómo he hecho eso?" interrumpió Jill. "No puedo ver cómo creé en mi vida eso de no ser suficiente."

"¿Cómo fue tu relación con Henry, tu primer esposo? Respondí. Había estado casada con Henry, el padre de sus cuatro hijos, por 15 años.

"No era mala en muchos aspectos, pero él era tan infiel. Siempre andaba buscando oportunidades para tener sexo con otras mujeres y yo realmente detestaba eso."

"Exactamente. Y tú lo viste como el villano y a ti te viste como a la víctima de esa situación. Sin embargo, la verdad es que tú lo atrajiste a tu vida precisamente porque, (en) a cierto nivel, sabías que él podía confirmar tu creencia de que no eras suficiente. Al ser infiel, el te confirmaría que tenías razón respecto a ti misma."

"¿Estás tratando de decir que me estaba haciendo un favor? ¡Eso si no me lo creo!" dijo riéndose, pero también con un enojo no muy bien disimulado.

19

"Bueno, ciertamente él confirmaba tu creencia, ¿o no?" repliqué. "Tú eras tan *no suficiente* que él siempre andaba buscando a otras mujeres para encontrar *algo más*. Si el hubiese hecho lo opuesto y te hubiera tratado persistentemente como si fueras totalmente suficiente siéndote fiel, tu hubieras creado otro drama en tu vida para probar tu creencia. Tu creencia sobre ti misma, aunque totalmente falsa, hizo imposible que seas suficiente."

"Por otro lado, si en ese momento hubieras cambiado tu creencia sanando tu dolor original con respecto a tu padre y cambiado tu creencia a *yo soy suficiente*, Henry inmediatamente hubiera parado de ofrecérsele a tus amigas. Si él no hubiera dejado de hacerlo, tú te hubieras sentido perfectamente feliz en dejarlo y encontrar a alguien más que te tratara como si fueras suficiente. Siempre creamos nuestra realidad de acuerdo con nuestras creencias. Si quieres saber cuáles son tus creencias, ve lo que tienes en tu vida. La vida siempre refleja nuestras creencias."

Jill parecía un poco perpleja, así que decidí reiterarle algunos de los puntos que había tocado. "Cada vez que Henry te engañaba, te daba una oportunidad de sanar tu dolor original respecto a no haber sido amada por Papá. Él demostraba y actuaba para ti tu creencia de que nunca ibas a ser suficiente para ningún hombre. Las primeras veces que esto sucedió debiste haberte enojado y alterado tanto que hubieras podido entrar en contacto con tu dolor original, y te hubieras dado cuenta de tu sistema de creencias con respecto a ti misma. De hecho, sus primeros actos de infidelidad representaron tus primeras oportunidades de practicar el Perdón Radical y sanar tu dolor original, pero te las perdiste. En lugar de eso, lo hiciste ver a él como el equivocado y te creaste a ti misma como la víctima, lo que hizo imposible la sanación."

"¿A qué te refieres con perdón?" preguntó Jill, aún viéndose alterada. "¿Me estás diciendo que debí perdonarlo por seducir a mi mejor amiga y a cualquier persona que encontrara dispuesta?"

"Estoy diciendo que, en ese momento, el te proveyó de una oportunidad para ponerte en contacto con tu dolor original y ver cómo cierta creencia sobre ti misma estaba gobernando tu vida. Al hacerlo, él te dio la oportunidad para comprender y cambiar tu creencia, sanando así tu dolor original. A eso me refiero con perdón. ¿Puedes ver por qué él merece tu perdón, Jill?"

"Si, eso creo" dijo. "Él estaba reflejando mi creencia—la que yo me había formado porque me sentía tan poco amada por Papá. El me estaba dando la razón sobre no ser suficiente. ¿Es correcto?"

"Sí, y el hecho de que te brindó esa oportunidad tiene mérito— de hecho, más de lo que te das cuenta ahora. No tenemos manera de saber si él hubiera cambiado su comportamiento si en ese momento tu sanabas tu situación con Papá - o si tú lo hubieras dejado. De cualquier manera, él te hubiera servido extremadamente bien. Así que, a ese respecto, él merece no sólo tu perdón sino también tu profunda gratitud. Y ¿sabes qué? No fue su culpa que tú no comprendieras el verdadero mensaje detrás de su comportamiento."

"Yo sé que fue difícil para ti ver que él estaba tratando de darte un gran regalo. Así no es como se nos enseña a pensar. No se nos enseña a ver qué es lo que está pasando y a decir *Mira lo que he creado en mi vida. ¿Acaso no es interesante?*. En vez de eso, se nos enseña a juzgar, culpar, acusar, a jugar a ser la víctima y buscar venganza. Tampoco

21

se nos enseña a pensar que nuestras vidas están dirigidas por fuerzas que están más allá de nuestra propia mente consciente—pero en verdad, así es."

"De hecho, fue el *alma* de Henry la que trató de ayudarte a sanar. En la superficie, Henry solamente actuó en base a su adicción sexual, pero su alma—trabajando con tu alma— escogió utilizar esa adicción para tu crecimiento espiritual. Reconocer este hecho es de lo que se trata el Perdón Radical. Su propósito consiste en ver la verdad detrás de las circunstancias aparentes de una situación y reconocer el amor que siempre existe allí."

Sentí que hablar de su situación actual ayudaría a Jill a comprender plenamente los principios que yo le había descrito. Así que le dije, "Veamos nuevamente a Jeff y veamos cómo estos principios operan en tu relación actual. Al principio, Jeff era extremadamente cariñoso contigo. Él realmente te idolatraba, hacía cosas para ti, se comunicaba contigo. En la superficie, la vida con Jeff parecía muy buena."

"Recuerda, sin embargo, que esto no encajaba con tu imagen de ti misma—tu creencia sobre ti misma. De acuerdo a tu creencia, tú no deberías tener a un hombre que te demostrara todo ese amor. No eres suficiente, ¿recuerdas?"

Jill asintió, pero aún se encontraba incierta y algo perpleja.

"Tu alma sabe que debes sanar esta creencia, así que de alguna manera se pone de acuerdo con el alma de Jeff para hacerte consciente de ello. En la superficie, Jeff aparentemente comienza a actuar en forma extraña y totalmente fuera de lo normal. Luego se burla de ti amando a *otra* Lorraine, actuando así contigo la misma escena que tuviste con tu padre muchos

22

años atrás. Él aparenta perseguirte sin piedad y tú te sientes totalmente indefensa y victimizada. ¿Describe esto más o menos tu situación actual?" pregunté.

"Eso creo" dijo Jill suavemente. Arrugó el entrecejo mientras trataba de aferrarse a la nueva imagen de su situación, formándose lentamente en su mente.

"Bueno, aquí estás nuevamente, Jill, a punto de tomar una decisión. Debes escoger entre sanar y crecer—o tener la razón", le dije y sonreí.

"Si tomas la decisión que usualmente toman las personas, escogerás ser la víctima y harás aparecer a Jeff como el equivocado, lo cual te permite, a cambio, tener la razón. Después de todo, este comportamiento parece ser bastante cruel y poco razonable, y no dudo que haya muchas mujeres que te apoyarán en tomar una actitud drástica como respuesta a ello. ¿Acaso no es cierto que muchas de tus amigas te han estado diciendo que lo dejes?"

"Sí" dijo. "Todos me dicen que debo dejar ese matrimonio si él no cambia. Realmente pensé que tú me dirías lo mismo", dijo con un tono de decepción.

"Hace unos años, probablemente te lo hubiera dicho", dije, y me reí. "Sin embargo, desde mi introducción a estos principios espirituales, toda mi manera de ver estas situaciones ha cambiado, como te habrás dado cuenta" dije con una gran sonrisa, viendo a John. El me guiñó el ojo pero no dijo nada.

Continué. "Así que como podrás imaginarte, la otra opción puede ser que reconozcas que por debajo de lo que aparentemente está sucediendo en la superficie, hay algo más que está teniendo lugar; algo mucho más significativo —y potencialmente una gran ayuda. La otra opción es aceptar que el comportamiento de Jeff posee otro mensaje, otro significado, otra intención, y que dentro de la situación se encuentra un regalo para ti."

Jill pensó por un momento y luego dijo, "El comportamiento de Jeff es tan extraño que   te resultaría difícil encontrar una buena razón que lo justifique. Tal vez está sucediendo algo más que yo aún no veo. Supongo que es similar a lo que Henry estaba haciendo, pero es difícil verlo en lo que está pasando con Jeff porque ahora estoy muy confundida. No puedo ver más allá de lo que realmente está sucediendo."

"Está bien" dije convincentemente. "Mira, no hay necesidad de descifrarlo. El simple hecho de que estés dispuesta a considerar la idea de que algo más está pasando, ya es un gran adelanto. De hecho, tu disposición de ver la situación de una manera diferente es la clave para tu sanación. El noventa por ciento de la sanación ocurre cuando te sientes dispuesta a contemplar la idea de que tu alma amorosamente ha creado esta situación para ti. Al tener esa disposición, sueltas el control y se lo cedes a Dios. Él se encarga del otro diez por ciento. Si realmente puedes comprender a un nivel profundo y te rindes a la idea de que Dios se encargará de esto si se lo entregas, no tendrás necesidad de hacer nada más. Automáticamente se resolverán la situación y tu sanación."

"Sin embargo, antes de dar este paso, puedes tomar un paso perfectamente racional que de inmediato te permita ver las cosas de una manera diferente. Implica separar el hecho de la ficción. Significa reconocer que tu creencia no está basada en hechos. Es simplemente una historia que te inventaste, basada en unos cuantos hechos y mucha interpretación."

"Esto es algo que hacemos todo el tiempo. Experimentamos un evento y hacemos interpretaciones sobre él. Luego, juntamos estas dos piezas para crear una historia, en gran parte falsa, sobre lo que pasó. La historia se convierte en creencia y la defendemos como si fuera la verdad. Nunca lo es, por supuesto."

"En tu caso, los hechos son que Papá no te abrazó, no pasó tiempo jugando contigo, no te cargó en sus brazos, no te sentó en su regazo. No satisfizo tu necesidad de afecto. Esos fueron los hechos. En base a esos hechos, hiciste una suposición crucial: *Papá no me ama.* ¿No es cierto?" Ella asintió.

"Sin embargo, el hecho de que no cubriera tus necesidades no significa que él no te amara. Esa es una interpretación. No es la verdad.. Él era un hombre sexualmente reprimido y le temía a la intimidad; eso lo sabemos. Tal vez él simplemente no sabía cómo expresar su amor de la manera que tú querías recibirlo. ¿Te acuerdas de esa enorme casa de muñecas que te hizo un año para Navidad? Recuerdo que pasó muchas horas en las tardes trabajando en ella mientras tú dormías. Tal vez esa era la única manera que él sabía de expresar su amor por ti."

"No lo estoy justificando o tratando de hacer equivocado lo que dijiste o sentiste. Sólo estoy tratando de señalar cómo todos cometemos el error de pensar que nuestras interpretaciones representan la verdad."

"La siguiente gran suposición que hiciste" continué, "basada en los hechos y tu primera interpretación de que *Papá no me ama,* fue *es mi culpa. Debe haber algo malo en mí*". Esa es una mentira aún más grande que la otra suposición, ¿estás de acuerdo?". Ella asintió.

25

"No me sorprende que hayas llegado a esa conclusión, pues así piensan los niños. Como ellos perciben que el mundo gira en torno a ellos, siempre asumen que cuando las cosas no van bien, es su culpa. Cuando un niño piensa esto la primera vez, el pensamiento va acompañado de un inmenso dolor. Para reducir el dolor, el niño lo reprime, pero esta acción realmente hace que sea más difícil deshacerse del pensamiento. Entonces nos quedamos estancados con la idea de *es mi culpa y probablemente hay algo malo en mí*, incluso de adultos."

"En cualquier momento en que una situación en nuestra vida precipita el recuerdo de este dolor o la idea adjunta al mismo, emocionalmente retrocedemos. Así, nos sentimos y nos comportamos como niños pequeños que han experimentado el dolor por primera vez. De hecho, eso es precisamente lo que sucedió cuando viste que mi Lorraine logró que nuestro padre sintiera amor. Tenías veintisiete años, pero en ese momento regresaste a ser la Jill de dos años que no se sintió amada y actuaste todas las necesidades de tu niñez. Y aún lo haces, sólo que esta vez lo estás haciendo con tu esposo."

"La idea sobre la cual basaste todas tus relaciones representa una interpretación hecha por una niña de dos años y no tiene ningún hecho en que basarse" concluí. "¿Ves eso Jill?" pregunté.

"Si, lo veo" replicó. "He tomado varias decisiones bastante tontas basada en esas suposiciones inconscientes, ¿cierto?"

"Si, lo hiciste, pero las tomaste cuando estabas sufriendo y cuando eras muy joven para saber cómo hacerlo mejor. Aunque hayas reprimido el dolor para liberarte de él, la creencia seguía funcionando en tu vida a un nivel subconsciente. Es allí en donde tu alma decide crear un drama en tu vida para que lo

26

trajeras a tu conciencia nuevamente, y una vez más tuvieras la oportunidad de escoger sanarte."

"Tú atrajiste personas a tu vida que te iban a confrontar directamente con tu propio dolor e iban a hacerte revivir la experiencia original a través de ellos," continué.

"Eso es lo que Jeff está haciendo ahora. Por supuesto, no estoy diciendo que lo está haciendo conscientemente. No lo hace conscientemente. Probablemente él está más perplejo ante su propio comportamiento de lo que tu estás. Recuerda, esta es una transacción de alma a alma. Su alma sabe de tu dolor original y está consciente de que tú no lo sanarás hasta que vivas nuevamente la experiencia."

"¡Vaya!" dijo Jill y respiró profundamente. Relajó su cuerpo por primera vez desde que había empezado a hablar sobre la situación.

"Ciertamente es una manera bastante diferente de ver las cosas, pero ¿sabes qué? Me siento más liviana. Es como si me hubieran quitado un peso de los hombros con sólo hablarlo contigo."

"Eso es porque tu energía ha cambiado" repliqué. Imagina cuánta de tu energía vital has gastado solamente en mantener viva la historia sobre Papá y Lorraine. Además, imagina la cantidad de energía requerida para reprimir los sentimientos de dolor y resentimiento alrededor de la historia. Las lágrimas que derramaste hace un rato te permitieron liberar mucho de ello. Y acabas de reconocer que era solamente una historia inventada—qué alivio debes sentir. Agreguemos a esto que has tenido mucha energía atorada en relación a Jeff— haciéndolo el equivocado, haciéndote la equivocada, siendo una víctima, etc. Sólo el estar dispuesta a ver toda la situación de una manera diferente, te permite liberar toda esa energía y permite que se mueva a través de ti. ¡No me extraña nada que te sientas más liviana!" dije y sonreí.

"¿Qué hubiera pasado si en vez de entender qué estaba pasando por debajo de la situación con Jeff, simplemente lo hubiera dejado?" preguntó Jill

"Tu alma hubiera traído a alguien más para ayudarte a sanar" le respondí rápidamente. "Pero no lo dejaste, ¿o si? En vez de ello, viniste aquí. Tienes que comprender que este viaje no es un accidente. No hay cosas tales como accidentes en este sistema. Tú—o mejor dicho, tu alma—creó este viaje, esta oportunidad para comprender la dinámica de la situación con Jeff. Tu alma te guió hasta aquí. El alma de John creó un viaje en este momento en particular para hacer posible que vinieras con él."

"Y qué pasa con las dos Lorraines" preguntó Jill "¿Cómo sucedió eso? De seguro es sólo una coincidencia."

"Tampoco hay coincidencias en este sistema. Sólo tienes que saber que sus almas y las almas de otros, conspiraron para crear esta situación, y date cuenta de lo perfecto que es que una persona llamada Lorraine estuviera involucrada en la ocasión original y en esta. No podría haber sido ser una pista más perfecta. Es difícil imaginar que no estuvo planeada, ¿no crees?" dije.

"Así que, ¿qué hago ahora con esto?" preguntó Jill. "Es cierto que me siento ligera, pero ¿qué hago cuando vaya a casa y vea a Jeff?"

"Realmente hay muy poco que puedas hacer" le respondí. "De ahora en adelante, es más una cuestión de cómo te sientas por dentro. ¿Entiendes que ya no eres una víctima? ¿Entiendes que Jeff ya no es un victimario? ¿Te das cuenta de que la situación era exactamente lo que necesitabas y deseabas? ¿Ves cuánto te ama ese hombre—a nivel de alma, me refiero?"

"¿Qué quieres decir?" preguntó Jill.

"Él estuvo dispuesto a hacer lo que fuera necesario para llevarte al punto en el que pudieras ver nuevamente la creencia que tienes respecto a ti misma y ver que no era cierta. ¿Te das cuenta de cuánta incomodidad estaba dispuesto a soportar con tal de ayudarte? No es un hombre cruel por naturaleza, así que debió haberle resultado difícil. Pocos hombres hubieran podido hacer eso por ti mientras se arriesgaban a perderte en el proceso. Jeff, o el alma de Jeff, realmente es un ángel para ti. Cuando de verdad entiendas esto, te sentirás ¡agradecida con él! Además, pararás de mandar mensajes de que no eres digna de ser amada. Tendrás la capacidad de dejar entrar el amor, tal vez por primera vez en tu vida. Habrás perdonado a Jeff porque estarás segura de que nunca pasó nada malo. Lo que pasó era perfecto en todos los aspectos."

"Y te prometo una cosa", continué. "Mientras tú y yo hablamos, Jeff ya está cambiando y está dejando atrás su comportamiento extraño. Su alma ya está entendiendo que lo perdonaste y que sanaste la percepción equivocada que tenías de ti misma. Conforme cambias tu energía, la energía de él también cambia. Están conectados energéticamente. La distancia física es irrelevante."

Volviendo a su pregunta, dije "Así que no tienes que hacer nada en especial cuando vuelvas a casa. De hecho, quiero que me prometas que no harás nada cuando regreses. En particular, bajo ninguna circunstancia compartas con Jeff esta nueva manera de ver la situación. Quiero que veas cómo todo será diferente automáticamente como simple consecuencia de tu cambio de percepción."

"Tú también te sentirás cambiada " añadí. "Te sentirás más en paz, más centrada y más relajada. Tendrás un entendimiento que será extraño para Jeff por un tiempo. Llevará tiempo lograr que tu relación con él se reajuste, y puede que sea difícil por un tiempo, pero esta situación se resolverá ahora." Concluí con convicción.

Jill y yo repasamos esta nueva manera de ver su situación varias veces antes de que regresara a su hogar en Inglaterra. Siempre resulta difícil para alguien que se encuentra en medio de un disgusto emocional el cambiar su perspectiva y contemplar la perspectiva del Perdón Radical. De hecho, el llegar a un lugar en donde el Perdón Radical realmente se lleva a cabo, a menudo requiere gran integración y refuerzo repetitivo. Para ayudar a mi hermana, le presenté ciertas técnicas de respiración que ayudan a liberar la emoción y a integrar nuevas maneras de ser, y le pedí que completara la Hoja de Trabajo del Perdón Radical. *(Vea la sección cuatro: Herramientas para el Perdón Radical).*

El día que se fue, Jill obviamente estaba nerviosa por regresar a la situación que había dejado atrás. Mientras caminaba por la pista hacia su avión, miró hacia atrás y trató de saludar confiadamente, pero yo sabía que estaba asustada y que podía perder su recién adquirida comprensión e involucrarse de nuevo en el drama.

Aparentemente, su reunión con Jeff estuvo bien. Jill le pidió que no le preguntara inmediatamente sobre lo que había sucedido mientras estaba fuera. También le pidió que le diera su espacio por unos días para establecerse. Sin embargo, inmediatamente notó una diferencia en él. Estaba atento, cariñoso y considerado—como el Jeff que ella había conocido antes de que todo este episodio comenzara.

En los siguientes días, Jill le dijo a Jeff que ella ya no lo culpaba por nada, ni quería cambiarlo de modo alguno. Dijo que había aprendido que era ella la que necesitaba asumir responsabilidad por sus propios sentimientos y que ella manejaría a su manera lo que se le presentara, sin culparlo a él. Ella no se complicó ni trató de explicarse a sí misma.

Las cosas siguieron bien por algunos días después del regreso de Jill, y el comportamiento de Jeff con su hija Lorraine cambió dramáticamente. De hecho, todo parecía haber vuelto a la normalidad con respecto a la relación, pero la atmósfera entre Jeff y Jill se mantenía tensa y su comunicación era limitada.

Dos semanas más tarde, la situación llegó a un punto crítico. Jill vio a Jeff y le dijo suavemente, "Siento que he perdido a mi mejor amigo."

"Yo también" replicó él.

Por primera vez en meses se conectaron. Se abrazaron y empezaron a llorar. "Hablemos" dijo Jill. "Tengo que decirte lo que aprendí con Colin en los Estados Unidos. Te va a sonar bastante extraño al principio, pero quiero compartirlo contigo. No tienes que creerlo. Sólo quiero que me escuches. ¿Estás dispuesto?"

31

"Haré lo que sea" replicó Jeff. "Sé que algo importante te pasó allá. Quiero saber qué fue. Has cambiado y me gusta lo que veo. No eres la misma persona que eras cuando te subiste al avión con John. Así que dime qué pasó."

Jill habló y habló. Le explicó las dinámicas del Perdón Radical lo mejor que pudo para que Jeff pudiera comprender. Se sintió fuerte y poderosa—segura de sí misma y de su comprensión, confiada y clara en su mente.

Jeff, un hombre práctico, siempre escéptico ante todo lo que no puede ser explicado racionalmente, no se resistió esta vez y realmente estuvo bastante receptivo a las ideas que Jill le pedía considerar. El expresó su apertura a la idea de que puede haber un mundo espiritual por debajo de la realidad de cada día y, dado eso, vio cierta lógica en el concepto del Perdón Radical. No lo aceptó totalmente, pero aun así estaba dispuesto a escuchar, considerar, y ver cómo había cambiado a Jill.

Luego de la conversación, ambos sintieron que su amor se había encendido nuevamente y que su relación tenía una buena probabilidad de sobrevivir. No hicieron promesas, sin embargo, y acordaron seguir hablando el uno con el otro mientras observaban cómo progresaba su relación.

Y de hecho, progresó bastante bien. Jeff aún cuida de su hija Lorraine hasta cierto punto, pero no tanto como antes. Jill se dio cuenta de que ya no le importaba, aun cuando se comportaba de tal manera. Ciertamente ya no la hacía retroceder emocionalmente y reaccionar en base a antiguas creencias sobre sí misma.

Después de un mes de su conversación sobre el Perdón Radical, todos los patrones de comportamiento pasados de Jeff con Lorraine se detuvieron. En respuesta, Lorraine no llamaba o visitaba tan a menudo; prosiguió su vida. Todo regresó a la normalidad y la relación de Jill y Jeff empezó a crecer de manera más segura y amorosa que antes. Jeff se convirtió en el hombre cariñoso, sensible y amoroso que es por naturaleza, Jill se volvió menos necesitada y Lorraine mucho más feliz.

Viendo hacia atrás, si el alma de Jill no la hubiera traído a Atlanta para crear la oportunidad de que tuviéramos nuestra conversación, estoy seguro que ella y Jeff se hubieran separado. En el gran esquema de las cosas, hubiera sido lo mejor también. Jill simplemente hubiera encontrado a alguien más con quien recrear el drama y otra oportunidad para sanar. Como fue, tomó la oportunidad de sanarse esta vez y se quedó en la relación.

Al momento de escribir esta segunda edición, muchos años después de esa crisis, aún continúan juntos y muy felizmente casados. Como cualquier otra pareja, continúan creando dramas en sus vidas—pero ahora saben cómo ver las oportunidades de sanación y moverse a través de ellas rápidamente y con gracia.

Posdata: El diagrama de la "línea del tiempo", en la otra página, ilustra la historia de Jill en forma de una gráfica. Ella lo encontró muy útil para ver cómo el dolor original de no sentirse amada por su padre la había llevado a creer que no era suficiente y cómo, a su vez, esa creencia había afectado su vida. Ustedes pueden hacer lo mismo si creen que tienen una historia similar en su vida.

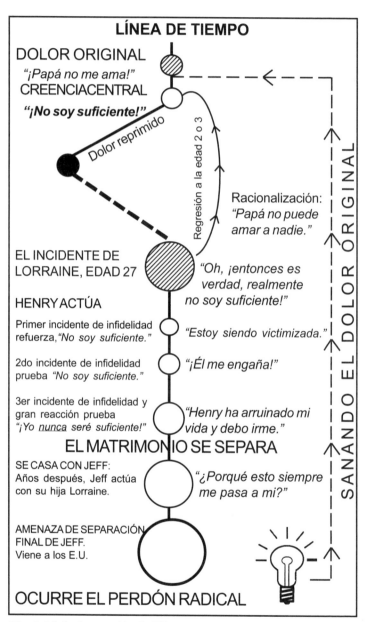

LÍNEA DE TIEMPO

DOLOR ORIGINAL
"¡Papá no me ama!"
CREENCIACENTRAL
"¡No soy suficiente!"

Dolor reprimido

Regresión a la edad 2 o 3

Racionalización:
*"Papá no puede
amar a nadie."*

EL INCIDENTE DE
LORRAINE, EDAD 27

HENRY ACTÚA

*"Oh, ¡entonces es
verdad, realmente
no soy suficiente!"*

Primer incidente de infidelidad
refuerza, *"No soy suficiente."*

"Estoy siendo victimizada."

2do incidente de infidelidad
prueba *"No soy suficiente."*

"¡Él me engaña!"

3er incidente de infidelidad y
gran reacción prueba
"¡Yo nunca seré suficiente!"

*"Henry ha arruinado mi
vida y debo irme."*

EL MATRIMONIO SE SEPARA

SE CASA CON JEFF:
Años después, Jeff actúa
con su hija Lorraine.

*"¿Porqué esto siempre
me pasa a mi?"*

AMENAZA DE SEPARACIÓN
FINAL DE JEFF.
Viene a los E.U.

OCURRE EL PERDÓN RADICAL

SANANDO EL DOLOR ORIGINAL

Fig. 1: Viaje de sanación de Jill

34

PARTE DOS

Conversaciones sobre el Perdón Radical

2: Suposiciones Fundamentales

Debido a que todas las teorías están basadas en ciertas suposiciones, es importante entender las suposiciones espirituales que fundamentan la teoría y la práctica del Perdón Radical. Sin embargo, antes de que veamos esto, vale la pena hacer notar que aún las teorías más abiertamente aceptadas están basadas en suposiciones sobre las cuales existe muy poca evidencia.

Por ejemplo, ¿sabía usted que no existe ninguna evidencia que confirme la Teoría de la Evolución de Darwin? Históricamente, esa teoría probablemente se encuentra entre las más grandes suposiciones que se hayan hecho. Sirve como supuesto básico de toda la ciencia biológica y como el fundamento sobre el cual se apoya mucha de nuestra *verdad* científica aceptada. Sin embargo, el hecho de que no exista evidencia para probar que esta suposición es verdadera, no significa que la teoría sea inválida o inútil.

Podemos decir lo mismo sobre las suposiciones básicas respecto a Dios, la naturaleza humana y el reino espiritual que se han propuesto a través de los tiempos. Aun cuando existe muy poca evidencia científica para confirmar su validez, dichas suposiciones se nos han presentado por siglos como *verdades o principios universales,* y han constituido la base de muchas tradiciones espirituales en todo el mundo. Ciertamente sirven de fundamento para el Perdón Radical. Ahora los físicos han comprobado que muchas de estas suposiciones están científicamente bien fundadas.

A continuación presento una lista de mis suposiciones, con la esperanza de que le ayuden a entender la lógica del Perdón Radical. Cada suposición se trata más a fondo en otras partes de este libro. Las presento no como verdades, ni siquiera como creencias, sino como suposiciones que hago y que, para mí, proveen cierto fundamento para la tecnología del Perdón Radical.

Mis suposiciones son que:

▪ Tenemos cuerpos que mueren, pero tenemos almas inmortales que trascienden la muerte. (Por lo tanto, la muerte es una ilusión).

▪ Si bien nuestros cuerpos y nuestros sentidos nos dicen que somos individuos separados, todos somos **uno**. Todos vibramos individualmente como parte de un todo.

▪ *No* somos seres humanos que están teniendo una experiencia espiritual ocasional; más bien, **somos seres espirituales que están teniendo una experiencia humana.**

▪ Desde un punto de vista vibracional, vivimos simultáneamente en dos mundos:
   1) El Mundo de la Verdad Divina (Espíritu)
   2) El Mundo de la Humanidad

▪ Hemos escogido experimentar plenamente la energía del Mundo de la Humanidad simplemente para magnificar, una y otra vez, nuestra apreciación de la belleza de ser parte del **Todo** en Luz y Amor, escogiendo experimentar sus polos opuestos directos (miedo, separación, oscuridad) en este mundo de "fisicalidad". Este mundo, por lo tanto, es un aula espiritual, y la vida es el currículum. El objetivo es despertar a la verdad de quiénes somos y regresar a casa.

- En el momento en que decidimos aprender y crecer encarnando en el mundo de la humanidad, Dios nos otorgó **total libre albedrío**, para vivir el experimento de la manera que quisiéramos y encontrar por nosotros mismos el camino de regreso a casa.

- La vida no sucede al azar. A cada momento nos brinda oportunidades para escoger y tomar decisiones que nos ayudarán a desarrollar nuestro propio Plan Divino.

- Una suposición bastante diferente a las anteriores, y menos atractiva, es que cuando éramos uno con el *Todo Lo Que Es*, experimentamos con el pensamiento que la separación era posible (El Pecado Original). Proyectamos ese pensamiento; se convirtió en nuestra realidad (falsa) — este mundo—y nació el Ego (nuestra creencia en la separación). El ego ahora se asegura su supervivencia "protegiéndonos" de una culpa abrumadora, así como también de la ira de Dios, a través de mecanismos de represión y proyección. *(Ver el Capítulo 7)*.

- Nosotros creamos nuestra realidad a través de la Ley de Causa y Efecto. Los pensamientos son causas que se manifiestan en nuestro mundo como efectos físicos. La realidad es un juego de nuestra conciencia. El mundo que nos rodea es un espejo de nuestras creencias. *(Ver el Capítulo 9)*.

- Nosotros, a nivel del alma, obtenemos precisamente lo que necesitamos en nuestras vidas para nuestro crecimiento espiritual. El cómo juzgamos lo que realmente obtenemos es lo que determina si experimentamos la vida como algo alegre o doloroso.

- Crecemos y aprendemos a través de las relaciones. Es a través de las relaciones que sanamos y se nos regresa a la plenitud y la verdad. Necesitamos a los demás para que nos reflejen nuestras percepciones erróneas y nuestras proyecciones, y para ayudarnos a hacer aflorar el material reprimido a la conciencia, a fin de sanar.

- A través de la Ley de Resonancia, atraemos a aquéllos que resuenan con nuestros problemas, a fin de que podamos sanarlos. Por ejemplo, si el abandono es nuestro problema, tenderemos a atraer personas que nos abandonan. En ese sentido, nos sirven como maestros. *(Ver el Capítulo 8)*.

- Venimos a la experiencia de la vida física con una misión: experimentar plenamente un patrón particular de energía, a fin de que podamos sentir los sentimientos asociados con ese patrón y luego transformar esa energía a través del amor. *(Ver el Capítulo 11)*.

- La realidad física es una ilusión creada por nuestros cinco sentidos. La materia consiste en campos energéticos interrelacionados que vibran a distintas frecuencias. *(Ver el Capítulo 13)*.

Si usted encuentra que no le es posible aceptar cualquiera de estas suposiciones, simplemente haga caso omiso de ellas. Esto no afectará en absoluto la efectividad de la tecnología del Perdón Radical.

3: Mundos Separados

Lo que podemos aprender de la historia de Jill es que las cosas no siempre son lo que parecen. Lo que aparenta ser un comportamiento cruel y desagradable por parte de alguien, puede ser exactamente lo que necesitamos y hemos requerido. Las situaciones que aparentan ser lo peor que nos puede ocurrir pueden ser la clave para sanar algo muy dentro de nosotros que no nos permite ser felices y evita nuestro crecimiento. Así, las personas que nos parecen que son las más problemáticas y las menos agradables pueden ser nuestros mejores maestros.

Si estoy en lo correcto con respecto a esto, entonces se deduce que cualquier cosa que aparentemente está sucediendo es muy rara vez lo que realmente está sucediendo. Por debajo de las circunstancias aparentes de cada situación existe una realidad completamente diferente—un mundo totalmente distinto, un mundo al cual no tenemos acceso, excepto por   vistazos ocasionales.

La historia de Jill demuestra bellamente este hecho. En la superficie estaba el drama de lo que estaba pasando entre ella, Jeff y su hija Lorraine. La situación no era bonita. Parecía como si Jeff estuviera siendo cruel e insensible. Era fácil identificar a Jill como la víctima en la situación, y a Jeff como el villano. Aún así, en la situación había suficientes claves para llevarnos a contemplar la posibilidad de que algo más, de

41

una naturaleza más amorosa, estaba sucediendo—y que estaba siendo orquestado a un nivel espiritual.

Mientras se desarrollaba la historia, se hizo obvio que el alma de Jill estaba danzando con las almas de Jeff y Lorraine, y que la situación que se estaba actuando era puramente para su sanación. Además, lejos de ser un villano, Jeff de hecho estaba siendo un héroe y, desde esa perspectiva espiritual, no había hecho nada malo. Él simplemente estaba desempeñando su papel en el drama, tal y como se lo dictaba su alma, actuando, a nivel del alma, a favor de la sanación de Jill.

Cuando cambiamos nuestra perspectiva a esta posibilidad, entonces nos abrimos a la idea de que no sucedió nada malo y que, de hecho, no hay nada que perdonar. Esta es precisamente la noción que define al Perdón Radical. Es también lo que lo hace RADICAL.

Si le hubiéramos pedido a Jill que aplicara el perdón tradicional a esta situación, no hubiéramos investigado la posibilidad de este *"otro mundo"*. Hubiéramos tomado la evidencia de nuestros cinco sentidos y utilizado nuestro intelecto para llegar a la conclusión de que Jeff la había tratado mal, y que si ella lo perdonara, debería aceptar lo que él hizo y tratar de hacer todo lo posible para dejarlo ir, o sea, dejar que lo "pasado sea pasado".

De esto notamos que el perdón tradicional da por hecho que ha pasado algo malo. El Perdón Radical, por otro lado, toma la postura de que no ha sucedido NADA malo y que, consecuentemente, no hay nada que perdonar. Podemos ponerlo de esta manera:

*Con el **PERDÓN TRADICIONAL**, la voluntad de perdonar está presente, pero también la necesidad residual de condenar. Por lo tanto, se mantiene la conciencia de víctima y nada cambia.*

*Con el **PERDÓN RADICAL**, la voluntad de perdonar está presente pero NO ASÍ la necesidad de condenar. Por lo tanto, se abandona la conciencia de víctima y todo cambia.*

(**La Conciencia de Víctima** se define como la convicción de que alguien más le ha hecho algo malo y, como resultado directo, es responsable de la falta de paz y felicidad que usted experimenta en su vida).

Distintos Mundos—Distintas Perspectivas

El perdón tradicional no debe ser visto como inferior al Perdón Radical. Es simplemente diferente. Cuando se utiliza en el contexto de cierto número de creencias—creencias que están firmemente enraizadas en el mundo físico y en la realidad diaria humana, el perdón tradicional es la única forma de perdón posible y tiene gran valor por sí mismo. Saca a relucir las mejores virtudes y características humanas, tales como la compasión, la misericordia, la tolerancia, la humildad y la bondad. Joan Borysenko denomina al perdón como "el ejercicio de la compasión."

El Perdón Radical es diferente al perdón tradicional porque está enraizado en la realidad metafísica del mundo del Espíritu—ese que yo llamo el Mundo de la Verdad Divina.

Esto hace muy clara la distinción entre el Perdón Radical y el perdón tradicional, porque podemos ver ahora que en cada caso vemos a través de lentes completamente diferentes. Los lentes que estamos utilizando para ver una situación determinarán si estamos utilizando el perdón tradicional o el Perdón Radical.. Cada uno nos provee de un punto de vista totalmente distinto.

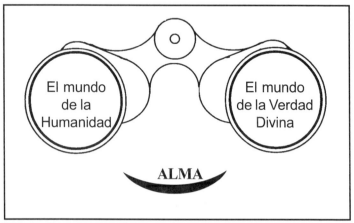

Fig. 2: Perspectivas de los dos mundos.

Pero no debemos caer en la trampa de pensar en términos de *esto o aquello.* Es una situación *tanto de esto como de aquello.* Esto se debe a que vivimos con un pie en cada mundo (ya que somos seres espirituales teniendo una experiencia humana) y que, por lo tanto, podemos hacer referencia a las situaciones a través de uno de los dos lentes o a través de ambos lentes a la vez. Si bien estamos completamente instalados en el Mundo de la Humanidad, permanecemos conectados con el Mundo de la Verdad Divina a través de nuestra alma.

La importancia de la diferencia entre estos dos mundos no puede enfatizarse demasiado, por lo que será útil proporcionar un poco más de información.

El Mundo de la Humanidad y el Mundo de la Verdad Divina representan dos extremos de una escala vibracional. Cuando vibramos a una frecuencia baja, nuestros cuerpos se vuelven densos y existimos solamente en el Mundo de la Humanidad. Cuando vibramos a una frecuencia alta, que hace que nuestros cuerpos se vuelva más ligeros, existimos también en el Mundo de la Verdad Divina. Dependiendo de nuestra vibración en un momento determinado, nos movemos hacia arriba o hacia abajo en la escala, hacia un mundo o hacia el otro.

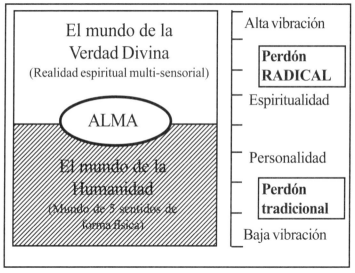

Fig. 3:   La Cadena de Ser Existencial

El Mundo de la Humanidad representa el mundo de la realidad objetiva que vemos como *fuera de nosotros mismos*. Siendo un mundo de forma física, nos provee el marco a través del cual experimentamos nuestro diario vivir humano, así como también la realidad que vivimos a través de nuestros cinco sentidos. Contiene el patrón energético de muerte, cambio, miedo, limitación y dualidad. Este mundo nos provee de un

45

ambiente en el cual nosotros, como seres espirituales, podemos experimentar el ser humanos. Esto significa tener un cuerpo físico y trabajar con (y posiblemente trascender) un determinado patrón energético asociado con el Mundo de la Humanidad, con el cual hemos "venido" a trabajar específicamente.

El **Mundo de la Verdad Divina**, por otro lado, no tiene forma física y lleva el patrón energético de vida eterna, inmutabilidad, abundancia infinita, amor y unión con Dios. Aunque no podemos percibir este mundo con nuestros sentidos, y escasamente poseemos la capacidad mental para comprenderlo, podemos tener la suficiente sensación para saber que es real. Ciertas actividades tales como la oración, la meditación y el Perdón Radical, las cuales elevan nuestra vibración, nos permiten tener acceso al Mundo de la Verdad Divina.

Estos *ámbitos existenciales* difieren no en cuanto a lugar o tiempo, sino simplemente en cuanto a su nivel vibracional. El estudio de la física cuántica ha comprobado que toda la realidad consta de patrones energéticos, y que la conciencia sostiene estos patrones energéticos. Por lo tanto, el mundo de la forma existe como concentraciones densas de energía vibrando a frecuencias que podemos experimentar a través de nuestros sentidos físicos. Por otro lado, experimentamos el Mundo de la Verdad Divina como un conocimiento interno y una conciencia extrasensorial.

Debido a que estos dos mundos existen en el mismo hilo continuo, no vivimos algunas veces en uno y otras veces en el otro. Vivimos en ambos mundos al mismo tiempo. Sin embargo, cuál de los mundos experimentamos en un momento dado depende de nuestra conciencia de ellos. Obviamente, como seres humanos, nuestra conciencia resuena fácilmente con el

Mundo de la Humanidad. Nuestros sentidos naturalmente nos jalan hacia ese mundo y nos convencen de que es real. A pesar de que algunas personas están menos enraizadas que otras en el mundo de la realidad objetiva, los seres humanos, en general, están firmemente establecidos en este extremo del hilo continuo al que nos referimos— tal como debería de ser.

Nuestra conciencia del Mundo de la Verdad Divina es limitada, y esto también pareciera tener un propósito. Nuestra alma entra a este mundo para experimentar ser humano—sin embargo, nuestra memoria y conciencia del Mundo de la Verdad Divina deben ser limitadas para permitirnos la experiencia completa. No podríamos vivir plenamente las energías del cambio, miedo, muerte, limitación y dualidad que caracterizan a este mundo si supiéramos que son ilusorias. Si encarnamos con esta memoria, nos negaríamos la oportunidad de trascender estos estados y *descubrir* que son, realmente, simples ilusiones. Al olvidar quiénes somos cuando tomamos un cuerpo físico, nos damos la oportunidad de recordar que somos seres espirituales teniendo una experiencia física.

Durante una reunión en Atlanta en 1990, escuché a Gerald Jampolsky, un conocido autor y autoridad de *Un Curso de Milagros*, contar una historia verdadera sobre una pareja que regresa a casa del hospital después de haber dado a luz a su segundo hijo.

Es una historia que ilustra el hecho de que tenemos un conocimiento verdadero de nuestra conexión con Dios y con nuestra propia alma, pero que lo olvidamos rápidamente después de tomar un cuerpo. La pareja era consciente de la necesidad de incluir a su hija de tres años en la celebración del nacimiento del nuevo bebé. Pero se sintieron perturbados por su insistencia de que se le permitiera ir sola al cuarto con el bebé. Para acceder a su petición, pero al mismo tiempo controlar la situación, prendieron el monitor del bebé para al menos escuchar, si no podían observar, lo que estaba pasando. Lo que escucharon los dejó atónitos. La niñita fue directamente a la cuna, miró entre los barrotes al bebé recién nacido y le dijo: "Bebé, háblame de Dios. Estoy empezando a olvidar."

El alma normalmente no experimenta limitación alguna. Sin embargo, cuando encarna, el alma crea una personalidad, o Ego, que lleva la característica particular que necesita para su viaje hacia la sanación, y escoge olvidar su conexión con el Mundo de la Verdad Divina.

A pesar del velo que nos colocamos sobre el recuerdo de nuestra unión con Dios, que como la historia anterior sugiere se termina de colocar a la edad de tres años, como seres humanos no se nos niega una conexión con el Mundo de la Verdad Divina. Nuestra alma lleva una vibración que resuena con el Mundo de la Verdad Divina y nos conecta a dicho mundo.

Podemos ayudar a esta conexión a través prácticas tales como la meditación, la oración, el yoga, la respiración, la danza y el canto. A través de esas prácticas, elevamos nuestra vibración lo suficiente como para resonar con la vibración del Mundo de la Verdad Divina.

Existe evidencia para sugerir que aún esto cambia rápidamente. A cualquier lugar que voy, hago la misma pregunta a los participantes de mis talleres. *"¿Cuántos de ustedes son conscientes de un aceleramiento o avivamiento en nuestra evolución espiritual—y de que el Espíritu nos está pidiendo que nos movamos más rápido a través de nuestras lecciones con el fin de prepararnos para algún cambio profundo?"*.

Usualmente, la respuesta es unánime. Más y más personas ahora hablan abierta y libremente sobre siempre estar en contacto con su "guía" y están dispuestas a confiar en él más y más cada día. El velo entre los dos mundos definitivamente se está volviendo más delgado. El Perdón Radical contribuye a este proceso tanto a nivel individual como a nivel de la conciencia colectiva.

Aún así, los dos tipos de perdón se mantienen literalmente como mundos separados. Cado uno exige una manera diferente de ver el mundo y la vida. Claramente, el perdón tradicional se ofrece a sí mismo como *un modo de vida en el mundo*, mientras que el Perdón Radical no es nada menos que un *camino espiritual*.

En términos de nuestra capacidad para sanarnos a nosotros mismos y evolucionar espiritualmente, el Perdón Radical ofrece un potencial extraordinario para transformar la conciencia, y este potencial excede lo que es posible con el perdón tradicional.

Aún así, debemos reconocer que todos vivimos todavía en el Mundo de la Humanidad, y que en ciertas ocasiones nos quedaremos cortos con respecto a lo que podamos considerar como el ideal espiritual. Cuando nos encontramos inmersos en el dolor, por ejemplo, se vuelve prácticamente imposible que utilicemos el Perdón Radical. Por otro lado, cuando acabamos de sufrir un daño a manos de otra persona, como cuando hemos sido violados, no podemos esperar aceptar en ese momento que la experiencia era algo que nosotros queríamos y que representa el cumplimiento de un Plan Divino. No tendremos la receptividad necesaria para asimilar esa idea. Esto solamente puede venir más adelante en momentos de silenciosa reflexión, no con el calor de la ira o inmediatamente después del trauma.

Pero nuevamente, constantemente debemos recordarnos a nosotros mismos que lo que hemos creado ES el ideal espiritual; que hemos creado las circunstancias en nuestras vidas que nos ayudan a crecer y a aprender; que las lecciones que necesitamos aprender están contenidos en la situación, y que la única manera de obtener crecimiento de la experiencia es *viviéndola.*

La opción que tenemos no es tener o no la experiencia (el Espíritu decide esto por nosotros), sino cuánto tiempo vamos a permanecer en la conciencia de víctima debido a dicha experiencia. Si escogemos dejar ir rápidamente la conciencia de víctima, es reconfortante saber que contamos con una tecnología que hará que esto pase. El perdón tradicional, en contraste, tiene muy poco que ofrecer a este respecto.

Resumen

- El **Perdón Tradicional** se encuentra firmemente establecido en el Mundo de la Humanidad. De la misma manera en que el Mundo de la Humanidad mantiene la energía de la dualidad, el perdón tradicional polariza y juzga todo como bueno o como malo, correcto o erróneo. *El Perdón Radical toma el punto de vista de que no hay correcto/equivocado o bueno/malo. Solamente nuestro pensamiento lo hace así.*

- El **Perdón Tradicional** siempre empieza con la suposición de que algo malo pasó y que alguien le "hizo algo" a alguien más. El arquetipo de víctima se mantiene vigente. *El Perdón Radical comienza con la creencia de que no ha pasado nada malo, y no hay víctimas en ninguna situación.*

- El **Perdón Tradicional** es efectivo hasta el punto en que saca a relucir las más grandes virtudes humanas, tales como la compasión, la tolerancia, la bondad, la misericordia y la humildad. Estas cualidades apuntan hacia el perdón y tienen un potencial curativo. Sin embargo, en sí mismas, no constituyen el perdón. *El Perdón Radical no es diferente en este aspecto, ya que también saca a relucir las mismas virtudes para que estén presentes en el proceso.*

- El **Perdón Tradicional** depende enteramente de nuestra propia capacidad para sentir compasión, así que se encuentra limitado en este aspecto. No importa cuánta compasión o tolerancia mostremos hacia alguien como Hitler, y no importa cuán empáticos seamos con el dolor de cómo fue criado, nada permite que lo perdonemos (utilizando el perdón tradicional) por los asesinatos masivos de seis millones de judíos. *El Perdón Radical no tiene límite alguno y es completamente incondicional. Si el Perdón Radical no puede perdonar a Hitler, no puede perdonar a nadie. Al igual que el amor incondicional, es todo o nada.*

* Con **el Perdón Tradicional**, todo depende de nuestro Ego y nuestro ser-personalidad. Por lo tanto, el problema siempre estará "allá afuera" en alguien más. *Con el Perdón Radical, el dedo apunta hacia el otro lado—el problema yace "aquí", en mí.*

* **El Perdón Tradicional** cree en la realidad del mundo físico, en la integridad completa de "lo que pasa" y siempre trata de "analizarlo todo", y así controlar la situación. *El Perdón Radical reconoce la ilusión, ve que lo que ha pasado es sólo una historia y responde rindiéndose a la perfección de la situación.*

* **El Perdón Tradicional** no cree en la noción de una misión espiritual, y mantiene su creencia en, y miedo a, la muerte. *El Perdón Radical ve la muerte como una ilusión y adopta el punto de vista de que la vida es eterna.*

* **El Perdón Tradicional** ve la vida como un problema a resolver o un castigo que debe evitarse. Experimenta la vida como un conjunto de circunstancias casuales que nos pasaron sin razón alguna — de ahí, el origen de la frase popular, "¡Así es la vida!". *El Perdón Radical ve la vida con un propósito y motivada por el amor.*

* **El Perdón Tradicional** reconoce la inherente imperfección de los seres humanos pero no puede ver la *perfección en*

la imperfección. No puede resolver esa paradoja. *El Perdón Radical ejemplifica esa paradoja.*

- **El Perdón Tradicional** puede tener una alta vibración similar al Perdón Radical cuando saca a relucir algunas de las más grandes virtudes humanas, como la bondad, la humildad, la compasión, la paciencia y la tolerancia. El portal a través del cual comenzamos el viaje de elevación de nuestra vibración para conectarnos con el Mundo de la Verdad Divina y experimentar el **Perdón Radical** es un corazón abierto.

- **El Perdón Tradicional,** cuando tiene una alta vibración, reconoce la profundidad de la revelación espiritual de que *todos* somos imperfectos y que la imperfección caracteriza a la naturaleza humana. Cuando vemos a partir de esta perspectiva, podemos decir con toda la humildad y con tolerancia y compasión "Gracias a Dios, no fui yo." Sabemos que nosotros también somos completamente capaces de hacer lo que la persona acusada hizo. Si estamos familiarizados con nuestro lado oscuro, sabemos que todos tenemos dentro de nosotros el potencial de causar daño, asesinar, violar, abusar de los niños y aniquilar a seis millones de personas. Este conocimiento nos permite sacar a relucir nuestra humildad y ser un poco misericordiosos no sólo hacia el acusado, sino hacia nosotros mismos, porque en ellos reconocemos nuestra inherente imperfección, nuestra propia oscuridad. Este reconocimiento nos lleva a retirar aquello que hemos proyectado—el primer paso vital en el Perdón Radical. *El Perdón Radical ve amorosamente la imperfección inherente en los seres humanos, pero ve la perfección dentro de la imperfección.*

- **El Perdón Radical** reconoce que el perdón no puede ser deseado u otorgado. Debemos tener la voluntad de perdonar y entregarle la situación a nuestro Poder Supremo. Cualquier tipo de perdón proviene no de hacer un esfuerzo, sino de estar dispuesto a experimentarlo.

PERDÓN TRADICIONAL	vs.	PERDÓN RADICAL
El Mundo de la Humanidad (Ego)	vs.	El Mundo de la Verdad Divina (Espíritu)
Nivel vibratorio bajo	vs.	Nivel vibratorio alto
Algo malo pasó	vs.	Nada malo pasó
Basado en juicios	vs.	Sin juicios ni culpa
Orientado al pasado	vs.	Orientado al presente
Necesidad de analizarlo todo	vs.	Rendirse a que lo que es, es
Conciencia de víctima	vs.	Conciencia de gracia
Juzga la imperfección humana	vs.	Acepta la imperfección humana.
Lo que pasó, pasó (verdadero)	vs.	Significado simbólico (verdad)
Solamente la realidad física	vs.	Realidades metafísicas
El problema aún está "allí afuera"	vs.	El problema radica en mí (mi error)
Dejar ir el resentimiento	vs.	Abraza el resentimiento
Tu y yo estamos separados	vs.	Tu y yo somos UNO
"Así es la vida"	vs.	No hay accidentes
La vida consiste en casualidades	vs.	La vida tiene un propósito
La Personalidad (ego) en control	vs.	El alma sigue un plan divino
La realidad es lo que sucede	vs.	La realidad es lo que creamos
La muerte es real	vs.	La muerte es una ilusión

Para más explicación de estas diferencias, ver el
Capítulo 15: Artículos de Fe.

Fig 4. Diferencias entre el Perdón Tradicional y el Perdón Radical

55

Qué NO es Perdón:

Al trabajar con definiciones debemos también tener claro qué NO es perdón. Mucho de lo que se considera perdón es lo que yo llamo *pseudoperdón*.

Por su falta de autenticidad, el pseudoperdón usualmente es sólo una serie de juicios perfectamente envueltos y consiste solamente en un lindo paquete de juicios y resentimientos ocultos, *enmascarados* como perdón. La disposición de perdonar no está allí, y lejos de disminuir la conciencia de víctima, la expande. Sin embargo, la línea que separa esto y el perdón ordinario puede no ser fácil de determinar.

Ejemplos de Pseudoperdón:

Los siguientes ejemplos están listados de acuerdo a su grado de claridad, comenzando con los que son obviamente falsos y terminando con aquellos que se encuentran muy cerca del perdón tradicional.

- *Perdonar por un sentido de obligación*—Esto es totalmente no auténtico; aún así, muchos de nosotros perdonamos movidos por esta motivación. Pensamos en el perdón como lo *correcto* e incluso como algo *espiritual* que debemos hacer. Pensamos que *tenemos que* perdonar.

- *Perdonar por un sentido de Rectitud*—Esta es la antítesis del perdón. Si usted perdona a las personas porque piensa que está en lo correcto y que ellos son estúpidos, o porque les tiene lástima, eso es pura arrogancia.

- *Otorgar Perdón o Absolver*—Esto es engañarse a sí mismo. Nosotros no tenemos el poder de otorgarle el perdón a nadie. Cuando otorgamos perdón, *jugamos a ser Dios*. El perdón no es algo que controlamos—simplemente sucede cuando tenemos la voluntad de hacerlo.

• *Pretender Perdonar*—Pretender que no estamos molestos por algo cuando realmente lo estamos no nos brinda una oportunidad para perdonar sino más bien nos brinda una oportunidad para negar nuestro enojo. Esto representa una forma de auto-invalidarnos. Cuando hacemos esto, permitimos que otros nos traten de alfombra. Tal comportamiento usualmente proviene de un temor a no perdonar, a ser abandonado, o de la creencia de que no es aceptable que expresemos nuestro enojo.

• *Perdonar y Olvidar*—Esto simplemente crea negación. Perdonar nunca es simplemente borrar. Las personas sabias perdonan *pero no olvidan*. Ellas tratan de apreciar el regalo inherente en la situación, y de recordar la lección que les enseñó.

• *Poner Excusas*—Cuando perdonamos, a menudo lo hacemos con explicaciones o poniendo excusas justificando a la persona que estamos perdonando. Por ejemplo, podemos decir sobre nuestros padres, "Mi padre abusaba de mí porque sus propios padres abusaron de él. El estaba haciendo lo mejor que podía." El perdón debe tratarse de dejar ir el pasado y rehusarse a ser controlado por él. Si una explicación ayuda a que uno deje ir, puede ser de ayuda hasta ese punto, a pesar de que una explicación no elimina la idea de que algo malo sucedió. Por lo tanto, en el mejor de los casos, puede ser sólo perdón tradicional. También posee cierta superioridad, la cual enmascara el enojo. Por otro lado, comprender el por qué alguien hizo lo que hizo y sentir empatía por ellos nos conecta nuevamente con

57

nuestra propia imperfección y abre la puerta para sentir compasión y misericordia—llevándonos a una vibración más alta de perdón tradicional, pero quedándonos aún cortos en el Perdón Radical.

- *Perdonar a la Persona pero no Justificar el Comportamiento*—Este enfoque altamente intelectual sólo puede disfrazarse de perdón porque se mantiene juicioso y con superioridad moral. También tiene problemas prácticos y semánticos. ¿Cómo separa usted a un asesino del acto de asesinar?

Esto último da lugar a todo el tema relativo a la responsabilidad, el cual trataremos en el capítulo siguiente.

4: Responsabilidad

Es necesario comprender claramente que el Perdón Radical no nos libera de la responsabilidad en este mundo. Son seres espirituales teniendo una experiencia humana en un mundo gobernado tanto por leyes físicas como humanas, y como tales, debemos responder por todas nuestras acciones. Esa es una parte inherente de la experiencia humana que no puede ser evitada.

En otras palabras, cuando creamos circunstancias que hieren a otras personas, debemos aceptar que en el Mundo de la Humanidad hay consecuencias para dichas acciones. Mientras que desde el punto de vista del Perdón Radical diríamos que todas las partes involucradas en la situación obtienen lo que necesitan, también es verdad que experimentar las consecuencias, tales como ir a la cárcel, ser multado, avergonzado o condenado, es parte de las lección y es otra vez perfecto en ese contexto espiritual.

Frecuentemente me preguntan si, en una situación en la que alguien nos ha dañado y en la que la reacción normal sería buscar reparación a través de la corte, una persona compasiva realmente actuaría de esa forma. La respuesta es "*Sí.*" Vivimos en el Mundo de la Humanidad el cual opera dentro de los parámetros de la Ley de Causa y Efecto. Esta ley establece que para cada acción hay una reacción igualmente correspondiente. De esa manera, aprendemos temprano que nuestras acciones tienen consecuencias. Si nunca fuéramos responsabilizados por nuestras acciones, el perdón carecería de sentido y valor. Si no tuviéramos responsabilidad parecería que, sin importar lo que hagamos, a nadie importa. Tal acción o actitud carece de compasión. Por ejemplo, los niños siempre interpretan la disciplina paternal *justa* aplicada de manera apropiada como amor y cuidado. Por el contrario, interpretan la total libertad otorgado por sus padres como descuido. Los niños saben.

Sin embargo, en la medida en la que respondemos a las acciones de otras personas con un sentimiento de justa indignación, queja, venganza y resentimiento, antes que con un deseo genuino de balancear los extremos en relación a principios de justicia, libertad y respeto por los otros, determina el nivel de nuestro perdón. La pretensión de superioridad y la venganza disminuyen nuestras vibraciones. Por el contrario, defender los principios y actuar con integridad aumenta nuestras vibraciones. Cuanto más alta la vibración, más cerca estamos de la Verdad Divina y más capaces somos de perdonar radicalmente.

Recientemente escuché al reconocido autor Alan Cohen contar una historia que ilustra bien este tema. Un amigo de él una vez se involucró en circunstancias que dieron como resultado la muerte de una niña. Fue encarcelado por muchos años por homicidio culposo. Él aceptó la responsabilidad de lo que había pasado y se comportó en todo como un prisionero modelo.

Sin embargo, el padre de la niña, un hombre rico e influyente, con amigos en altos cargos, prometió mantener al hombre encerrado tantos años como le fuera posible. Entonces, cada vez que este hombre tenía la posibilidad de libertad condicional, el padre de la niña gastaba mucho tiempo y dinero usando sus conexiones políticas para asegurarse de que el pedido de libertad condicional fuera rechazado. Luego de muchas veces similares,

Cohen preguntó a su amigo cómo se sentía acerca de los rechazos de libertad condicional por los esfuerzos de ese hombre para mantenerlo en prisión. El hombre dijo que él perdonaba al padre de la niña cada día de su vida y rezaba por él, porque se daba cuenta de que era el padre el que estaba en prisión, no él mismo.

En verdad, el padre, quien fue incapaz de superar su ira, tristeza y dolor, era controlado por su necesidad de venganza. Él no podía escapar la prisión de su propia victimización. Incluso el perdón tradicional estaban lejos para él. El amigo de Cohen, por otro lado, se rehusó a ser una víctima y vio al amor como la única posibilidad. Su vibración era más alta, y él era capaz de practicar Perdón Radical.

Volviendo al tema de si buscar o no una compensación en la corte, nosotros deberíamos intentar hacer a los otros responsables de sus acciones. Recuerden, sin embargo, que una vez que decidimos hacer la demanda, debemos decir, como lo dicen en AA, "rezar por el H.D.P.," y por nosotros mismos. (Por cierto, ¡no es necesario que alguien nos agrade para perdonarlo!)

Tuve la oportunidad de experimentar esto yo mismo cuando recién había terminado este libro y estaba buscando a alguien que me ayudara a promocionarlo. Un amigo recomendó a alguien, así que mi esposa JoAnn y yo fuimos a verla. Ella parecía bien, no tenía razón alguna para duda de su capacidad o integridad. Sin embargo — es curioso como funciona el Universo — la fecha límite para introducir el libro en "Libros para Imprimir" era al día siguiente. Ese es el libro de referencia que las librerías usan para realizar los pedidos, así que era importante introducirlo entonces – de lo contrario se perdería un año completo. Pero eso también significaba que tenía apuro por firmar un contrato con esta mujer. Además, significaba conseguir $4,000, que es lo que ella quería de adelanto, así como un 15% de las ventas del libro. No teníamos $4,000 pero JoAnn de alguna manera consiguió $2,900. Pagaríamos el resto en cuotas mensuales. Así que firmamos. Aunque nos habíamos apurado, yo estaba satisfecho por haber delegado esa parte del proyecto.

Bueno, a medida que pasaron los meses, y bastante tiempo después de que mi libro fuera publicado, noté que yo aún estaba realizando muchas tareas para las cuales yo pensaba que la había contratado a ella. Estaba organizando mis propios eventos de firma de libros, enviando libros a los críticos, y más.

No podía ver ningún resultado de sus esfuerzos. Me mantuve atento, pero luego de un tiempo la enfrenté. Resultó que ella no había hecho casi nada. Por supuesto, ella lo negó y se defendió, pero cuando pedí ver cartas y evidencias de actividad, no hubo nada. La despedí, anulé el contrato por no cumplimiento y exigí una devolución de dinero. Por supuesto, ella se negó a hacerlo. Así que comencé un proceso legal para recuperar mi dinero.

Como ustedes pueden imaginar, estaba bastante disgustado. Estaba atascado en el lugar al que van las personas que se imaginan victimizadas, ¡en "víctimalandia!" Y yo era completamente inconsciente. Había construido mi cuento de víctima y aprovechaba cada oportunidad que tenía para compartirlo con cualquiera que escuchara. En lo que a mí concernía, ella me había robado dinero y yo necesitaba saldar cuentas. Estaba realmente atascado, y así estuve por varias semanas. ¡Y se suponía que yo era el *Sr. Perdón*!

Afortunadamente, una amiga que había asistido a mi primer taller hacía muchos años, vino a cenar. Cuando le conté mi historia, su respuesta fue "Bueno, ¿Has completado una hoja de trabajo por este tema?" Por supuesto, no lo había hecho. Era lo último en mi mente. "No, no he completado una hoja de trabajo," respondí sintiéndome muy enojado. "¿No crees que deberías?" Lucie preguntó. "No, no quiero hacer una maldita hoja," grité.

Luego JoAnn intervino. "Bueno, es tu hoja de trabajo. ¡Deberías practicar lo que predicas!" Esto hizo el efecto. Sintiéndome acorralado subí las escaleras para buscar una hoja, pero estaba enojado.

Yo sabía, y ellas también, que estaba haciendo esto bajo protesta. Era lo último en el mundo que quería hacer, pero ellas no me soltarían.

Completé cada paso con rabia y con poco o nada de compromiso con el proceso. Luego, de pronto, cuando estaba más o menos por la mitad, tuve que leer la frase — "Suelto la necesidad de culpar y la necesidad de tener la razón." En ese momento lo comprendí. *¡La necesidad de tener razón!* De pronto apareció ante mí la razón por la cual había quería razón. ¡Tenía una creencia central de que todo lo tenía que hacer yo! Vi que este incidente era sólo otra jugada de esa creencia. Todas las otras veces que inconscientemente había creado la situación de ser decepcionado fueron claras a mis ojos. Luego vi y comprendí completamente que esta mujer estaba apoyándome para que conociera mi creencia tóxica de manera que pudiera soltarla y abrirme a una mayor abundancia.

De pronto, todo mi enojo se evaporó y vi como me había alejado de las cosas en las que creía y enseñaba. Me sentí muy avergonzado. Pero al menos ya era conciente otra vez. Ahora podía ver que esta mujer era un *'angel de sanación'* para mi, y cambié de estar enojado y resentido a sentir una profunda gratitud y amor por ella.

Además de obtener esa maravillosa sanación, fue una lección muy poderosa y humillante sobre qué fácil es volverse inconsciente de la ley espiritual y qué rápidamente tu Ego te absorbe en un drama y te mantiene allí. Fue una demostración atemorizante del poder de mi Ego para separarme de la Fuente y de todo lo que conozco como verdadero.

También fue un poderoso ejemplo de la necesidad de amigos espirituales que nos respalden sin comprar la historia de víctima y que estén preparados a desafiarnos.

Sin embargo, la pregunta que probablemente ustedes estén pensando es, habiendo comprendido que ella era un ángel de sanación para mi, ¿cancelé el caso legal en su contra? Bueno, puedo decirles que agonicé por este tema.

Reconocí que, aunque ahora yo veía la verdad desde la perspectiva del Mundo de la Verdad Divina, la situación estaba profundamente arraigada en el Mundo de la Humanidad. Así que le ofrecí una mediación en dos oportunidades, y ella lo rechazó en ambas ocasiones.

De manera que proseguí con el caso legal, pensando que su alma necesitaba pasar por esa experiencia, de lo contrario ella hubiera aceptado cuando ofrecí la mediación. Pero seguí con esto con el corazón abierto y con la intención de que el resultado correcto y perfecto sobrevendría. La corte falló a mi favor y obtuve un veredicto en su contra por casi la totalidad de los $4,000. Nunca recibí el dinero, pero eso no fue de importancia.

El punto era que había confiado en el proceso y había hecho lo que creía necesario en ese momento.

Y la verdad es que no habría importado lo que yo decidiera. El Espíritu lo habría resuelto de alguna manera y todo hubiera resultado bien al final – como siempre sucede. La idea de que nuestras decisiones importan en el plan general de las cosas es sólo nuestro Ego tratando de hacernos sentir separados y especiales. El Universo tiene todo bajo control sin importar lo que decidamos.

Pero cómo tomamos esas decisiones – ya sea desde el amor o el miedo, la avaricia o la generosidad, el falso orgullo o la humildad, con deshonestidad o integridad – nos importa personalmente porque cada decisión que tomamos afecta nuestra vibración.

Otra situación que frecuentemente se me pide tratar es cuando uno se da cuenta de que un niño está siendo abusado. La pregunta que surge es que si asumimos que el crecimiento espiritual del niño está siendo respaldado por esta experiencia, deberíamos actuar o no, dado que interferir sería negarle al alma del niño su experiencia de crecimiento. Mi respuesta es siempre que, como seres humanos, debemos hacer lo que es correcto de acuerdo a nuestra comprensión actual del bien y del mal – como se define por la ley humana. Entonces actuamos de acuerdo a eso mientras que al mismo tiempo sabemos que, en la ley espiritual, nada malo está sucediendo. Naturalmente, allí intervendríamos. Como seres humanos no podríamos hacer otra cosa. Pero nuestra intervención tampoco es buena o mala, porque de todas formas el Espíritu lo tiene bajo control.

Pienso que si lo más conveniente para el alma del niño fuera que no haya intervención, el Espíritu arreglaría las cosas de manera de evitarlo. En otras palabras, si se supone que yo no debiera intervenir, el Espíritu me mantendría sin conocimiento de la situación. Por el contrario, si el Espíritu me otorga el conocimiento de la situación, asumo que no hay problema en mi intervención. Al final, ni siquiera es mi decisión. Cuando yo sí intervengo, sin embargo, lo hago sin juicio y sin la necesidad de culpar a alguien. Sólo lo hago, sabiendo que el Universo armó todo esto por una razón y que hay perfección en alguna parte de ella.

5: Terapia del Perdón Radical

Muy pocas cosas en la historia de Jill son inusuales. La realidad es que podría ser la historia de cualquiera de nosotros. De hecho, desde la publicación de la primera edición de este libro en 1997, muchos miles de personas me han escrito, llamado o enviado correos electrónicos para decirme que se identifican tanto con ella que sintieron que se trataba de su propia historia personal. Para muchos de los que la han leído, esta historia ha sido el principio de su sanación, tal como lo fue para Jill.

Debido a que es típica en lo que se refiere a problemas aparentes en las relaciones, esta historia también nos da un buen ejemplo de cómo el Perdón Radical puede aplicarse a problemas de la vida diaria, y demuestra su viabilidad como una alternativa radical a la psicoterapia y orientación tradicionales. Ha llegado a conocerse como la Terapia del Perdón Radical (TPR).

Hay algo de ironía en esto, ya que uno de los principios del Perdón Radical es que independientemente de que haya evidencia que demuestre lo contrario, no ha sucedido nada malo y no hay nada que cambiar. Por lo tanto, ¿cómo puede llamársele terapia? Después de todo, el principio más importante que sirve de fundamento al Perdón Radical es que *sin excepción, todo lo que nos sucede está guiado por la Divinidad, tiene un propósito, y es para nuestro mayor beneficio.*

Pero la noción misma de terapia implica que algo no anda bien y necesita cambiarse. Cuando acudimos al terapeuta, esperamos que él o ella se hagan estas tres preguntas básicas:

1. ¿Qué está mal con esta persona o circunstancia?
2. ¿Qué causó que él o ella sean así?
3. ¿Cómo puede solucionarse su problema?

Debido a que ninguna de estas tres preguntas son aplicables en el Perdón Radical, ¿cómo puede el Perdón Radical ser una modalidad terapéutica? La respuesta yace en la manera en que funcionó en el caso de Jill.

Pueden recordar que al principio de la historia de Jill, yo actué en base a un *acuerdo* implícito con ella respecto a que ella realmente tenía un problema, que Jeff era la causa básica de dicho problema y que la única forma de reaccionar al mismo consistía en tratar de encontrar una solución. Por algún tiempo caminé con ella por este camino tradicional. Solamente cuando creí que era el momento adecuado, sugerí un enfoque (Perdón Radical) diferente.

En ese momento, tuve que ser bastante claro con ella con respecto a que iba a cambiar la conversación hacia una dirección completamente diferente y que iba a utilizar un conjunto alternativo de suposiciones. Particularmente, iba a utilizar un nuevo conjunto de preguntas. Estas eran:

1. ¿Qué hay de perfecto en lo que le está ocurriendo?
2. ¿Cómo se está revelando esta perfección?
3. ¿Cómo puede ella cambiar su punto de vista para que se vuelva receptiva a aceptar que puede haber cierta perfección en su situación?

68

Les puedo asegurar que la percepción original de Jill sobre la situación con Jeff y todas las situaciones previas con su anterior esposo ciertamente no coincidían con la idea de que todo era perfecto. De hecho, ella sentía que lo que había ocurrido era *auto-evidentemente* equivocado o malo. La mayoría de las personas hubieran estado de acuerdo con ella.

Sin embargo, como ya lo vimos, la sanación sucedió cuando ella se dio cuenta de que, de hecho, no había nada correcto o incorrecto sobre ninguna de las situaciones, que ella no había sido victimizada por nadie y que lejos de ser su enemigo, Jeff era su ángel sanador. Lentamente ella comenzó a ver cómo en cada momento la guía divina la ayudaba a sanar un malentendido previo y un consecuente sistema de creencias falsas que por años le habían impedido expresar su yo verdadero. Cada situación, incluyendo lo que estaba pasando con Jeff, era, en ese contexto, un regalo de gracia.

Esto hace que, de hecho, la TPR sea menos terapia y más un proceso de educación. Los terapeutas o entrenadores, como prefiero llamarlos, actúan no tanto motivados por el deseo de arreglar a alguien sino más bien instruirlo. El Perdón Radical es una filosofía espiritual que tiene una aplicación práctica a la vida de las personas, ya que les da una perspectiva espiritual que pueden aplicar, a manera de auto-ayuda, a cualquier problema o situación que estén viviendo.

El Plan Divino no se arregla. En cualquier momento durante el desarrollo de nuestro propio plan, siempre debemos escoger. El Perdón Radical ayuda a las personas a cambiar su punto de vista y tomar nuevas decisiones basadas en su discernimiento.

La historia de Jill demuestra qué difícil es hacer ese cambio de percepción. Aún cuando tenía pistas obvias, se necesitó mucha discusión y mucho procesamiento del dolor emocional antes de que Jill se abriera a comprender una interpretación diferente. Esto era especialmente verdad con respecto a la supuesta infidelidad de su anterior esposo.

Imaginen lo difícil que puede ser venderle la idea del Perdón Radical a una víctima de un holocausto o a alguien que acaba de ser violado o que haya sufrido otro tipo de abuso violento. De hecho, mucho del trabajo preliminar de la TPR involucra crear la disposición de aunque sea ver la *posibilidad* de que hay perfección en lo que pasó. Aún entonces, depende de las circunstancias; desarrollar dicha receptividad puede tomar tiempo y casi siempre requiere primero de mucho trabajo de liberación emocional. Sin embargo, es posible. Puedo decir esto debido a que he visto a personas con historias horrendas hacer cambios tremendos en cortos períodos de tiempo.

Aún así, existe la posibilidad de que algunas personas nunca lleguen al punto en donde se vuelven receptivas. Puede que simplemente nunca superen el sentimiento de víctimas. Por otro lado, aquellos que son capaces de ver, aunque sea por un momento, la perfección en su situación, poseen el poder de dejar ir sus sentimientos de víctima y ser libres. Jill fue una de esas personas. Ella y Jeff siguen juntos y felizmente casados hasta el día de hoy.

Aquí yace el poder de este trabajo, ya que como veremos en los capítulos subsiguientes, liberarse de la victimización provee la llave a la salud, al poder personal y a la evolución espiritual. Hemos sido adictos al arquetipo de la víctima por muchísimos años, y conforme entramos a la Era de Acuario (el siguiente período de 2,000 años de evolución espiritual), debemos responder al llamado de dejar ir el pasado, soltar el arquetipo de víctima y ser más conscientes de la vida que ocurre en este momento.

Existen algunos prerrequisitos, sin embargo, para hacer esto. Primero, la receptividad de la cual depende el Perdón Radical eventualmente, requiere que estemos dispuestos a ver las cosas desde un punto de vista espiritual. No hace referencia a religión alguna y no excluye a ninguna, pero sí requiere que al menos se tenga la creencia en un Poder Superior o Inteligencia Superior y la idea de una realidad espiritual que va más allá de nuestro propio mundo físico. Un punto de vista estrictamente ateo no permitirá que el Perdón Radical ocurra, ni que la TPR funcione. Veremos que para hacer del Perdón Radical una realidad en nuestras vidas, necesitamos sentirnos cómodos con la idea de que podemos caminar simultáneamente en ambos mundos.

Dicho esto, el Perdón Radical puede explicarse en términos no amenazantes y en un lenguaje que honra a todas las creencias religiosas de la gente. Puede ser explicado en formas que coinciden con sus sistemas de creencias actuales, permitiéndoles que escuchen cómodamente. Además de eso, una parte sustancial de la Terapia del Perdón Radical no depende del misticismo o ideas esotéricas para su validez. La represión, la negación y la proyección son todos conceptos firmemente establecidos arraigados en la teoría psicológica. Por lo tanto, estos mecanismos pueden explicarse totalmente en términos científicos.

No está de mas enfatizar que mezclar la terapia tradicional con el Perdón Radical no funcionará. Las preguntas y las suposiciones subyacentes en ambas formas son simplemente demasiado distintas. Cualquier terapeuta que añada la TPR a su caja de herramientas debe primero estar consciente de las diferencias entre la TPR y la terapia tradicional, y debe ser capaz de diferenciarlas claramente a un cliente, y segundo debe trabajar duro para mantenerlas separadas.

En general, la Terapia del Perdón Radical es para personas que no están mentalmente enfermas—sólo necesitan ayuda para solucionar los asuntos de la vida cotidiana. Sin embargo, si una persona tiene problemas profundos y dolor profundamente reprimido con un complejo mecanismo de defensa, esa persona debe ser referida a un psicoterapeuta calificado que también utilice la TPR.

La tecnología del Perdón Radical es muy simple y, aún así, es maravillosamente efectiva como terapia para el alma—para individuos, grupos, razas e incluso países. Por ejemplo, yo he conducido talleres para judíos y otras personas perseguidas que llevan el dolor de su raza o grupo y que han sido testigos de sorprendentes cambios en su conciencia. Ellos han podido dejar ir el dolor colectivo y, al hacerlo, creo yo, ayudar a sanar la conciencia colectiva de ese grupo muchas generaciones atrás. En el año 2001, apliqué esta modalidad para ayudar a sanar la historia de hace 200 años, la cual comenzó cuando los primeros convictos ingleses llegaron a Australia y empezaron la ejecución sistemática de los aborígenes. En este momento hay mucho deseo por parte de la población blanca en Australia de decir "lo siento" y por parte de los aborígenes de perdonar, así que ambos deben moverse y ser una sola Australia. En mi libro, *Reconciliación a Través del Perdón Radical* publicado solamente en Australia, yo discutía que sólo una tecnología espiritual como el Perdón Radical puede traer la reconciliación, y les he dado las herramientas para hacerlo realidad. Lo llevaré a otros lugares en el mundo en donde hay divisiones raciales, incluyendo los Estados Unidos, y haré lo mismo.

El entrenamiento y certificación en Entrenamiento y Terapia del Perdón Radical está disponible a través del **Instituto para la Terapia del Perdón Radical y Entrenamiento, Inc. (Institute for Radical Forgiveness Therapy and Coaching, Inc.)**, que tiene su sede en Atlanta, Georgia. Esto es tanto para profesionales licenciados que desean ser Practicantes del Perdón Radical certificados, como para no profesionales que simplemente desean entrenar a otros en cómo aplicar el Perdón Radical a problemas de la vida diaria. Aún en los negocios, el Perdón Radical es un concepto válido y una tecnología extremadamente poderosa para determinar en dónde está atascada la energía dentro de la corporación o institución y cómo liberarla. El efecto sobre la rentabilidad puede ser dramático, razón por la cual un gran número de asesores financieros ya han recibido el entrenamiento.

73

6: Los Mecanismos del Ego

En cuestiones de naturaleza espiritual, usualmente no pasa mucho tiempo sin que la conversación se enfoque hacia el Ego. El Perdón Radical no es la excepción, ya que el Ego parece desempeñar un papel importante. Así que, ¿qué constituye el Ego y qué papel juega en el Perdón Radical? Yo siento que hay al menos dos maneras de contestar esa pregunta. La primera hace del Ego nuestro enemigo, mientras que la segunda lo hace nuestro amigo.

El punto de vista del *Ego como Enemigo* hace al Ego responsable de mantenernos separados de la Fuente, por su propio bien y en aras de su propia supervivencia. Consecuentemente, es nuestro enemigo espiritual y estamos en guerra con él. Muchas disciplinas espirituales toman esto como su idea central y exigen que el Ego debe dejarse o trascenderse como prerrequisito para un crecimiento espiritual. El modelo *Ego como Amigo* ve al Ego como parte de nuestra propia alma que actúa como nuestro guía amoroso para nuestra experiencia humana.

Yo prefiero pensar que hay verdad en ambas ideas aunque, a simple vista, parecieran ser incompatibles. Déjenme explicar cada una, como yo las he llegado a entender, para que ustedes puedan decidir por sí mismos.

1. El Ego como El Enemigo:

En este modelo, se dice que el Ego existe como un conjunto profundamente arraigado de creencias respecto a quiénes somos en relación al Espíritu, el cual se formó cuando experimentamos con el pensamiento la separación de la Fuente Divina. De hecho, podemos decir que el Ego es la creencia de que la separación realmente ocurrió.

En el momento de la separación, según la historia, el Ego nos hizo creer que Dios se enojaría mucho por nuestro experimento. Esto creó inmediatamente una gran culpa dentro de nosotros. Después, el Ego continúo elaborando su historia diciéndonos que Dios incluso nos castigaría severamente por nuestro pecado. Tan grande era la culpa y el terror creados en nosotros por la creencia de que esta historia era verdadera, que no tuvimos más opción que reprimir estas emociones profundamente en nuestra mente inconsciente. Esto nos salvó de ser conscientes de dichas emociones.

Esta táctica funcionó bien, si bien mantenemos un gran temor de que los sentimientos puedan surgir nuevamente. Para remediar este problema, el Ego desarrolló una nueva creencia— que la culpa estaba en alguien más en vez de en nosotros mismos. En otras palabras, comenzamos a proyectar nuestra culpa en otras personas para poder deshacernos por completo de ella. Estas personas se convirtieron en nuestros *chivos expiatorios.* Luego, para asegurarnos de que la culpa se quedara con ellos, nos enojamos con ellos y seguimos atacándolos continuamente. *(Para información más detallada sobre la negación y la proyección, ver el Capítulo 7).*

Aquí yace el origen del arquetipo de la víctima y de la necesidad continua que tiene la raza humana de atacarse y defenderse

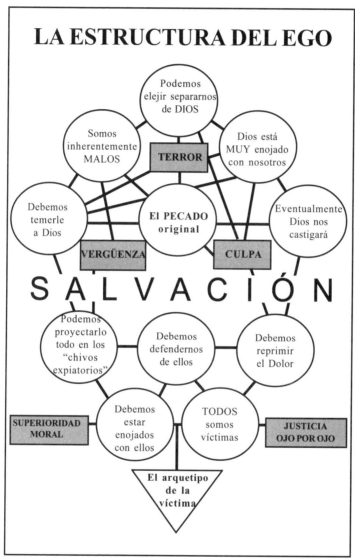

Fig. 5: La estructura del Ego *(perspectiva #1)*

unos de los otros. Después de atacar a aquéllos hacia quienes proyectamos nuestra culpa, tememos que a su vez nos ataquen. Así que creamos fuertes defensas para protegernos a nosotros mismos y a lo que vemos como nuestra completa inocencia. A cierto nivel sabemos que somos culpables, así que mientras más nos defendemos del ataque, más fortalecemos nuestra culpa. Por lo tanto, constantemente debemos encontrar personas a quienes odiar, criticar, juzgar, atacar y creerlas equivocadas simplemente para sentirnos mejor nosotros mismos. Esta dinámica constantemente refuerza el sistema de creencia del Ego y, de esta manera, el Ego se asegura de su propia supervivencia.

Utilizando este patrón de comportamiento como referencia, ahora podemos ver porqué, a través de la historia, los seres humanos han invertido tanto en su enojo y en la gran necesidad de dividir este mundo en víctimas y victimarios, villanos y héroes, conquistados y conquistadores, ganadores y perdedores.

Más aún, la percepción que tenemos de un mundo de *nosotros/ ellos* refleja nuestra propia división interna entre el Ego por un lado, que es la creencia en la separación, miedo, castigo y muerte, y el Espíritu por el otro, que es el conocimiento del amor y la vida eterna. Nosotros proyectamos esta división en el mundo físico viendo siempre al enemigo *allá afuera* en vez de dentro de nosotros mismos.

Si bien todos los sistemas de creencias rápidamente se resisten al cambio, a este respecto el Ego no es un sistema de creencias ordinario. Es extremadamente resistente al cambio. Ejerce un poder increíble en nuestra mente inconsciente y tiene una enorme cantidad de votos cuando se trata de tomar decisiones respecto a quién creemos que somos. Este sistema de creencias es tan poderoso que parece ser una entidad en su propio derecho—y lo hemos denominado el Ego.

Estamos atrapados en la creencia de la separación a tal grado que se ha convertido en nuestra realidad. Hemos estado viviendo el mito de la separación por eones, haciendo real la idea de que escogimos la separación al llamarla el pecado original. En realidad, no ha ocurrido separación alguna. Somos tan parte de Dios como siempre hemos sido. Somos seres espirituales teniendo una experiencia humana ¿recuerdan? En consecuencia, el pecado original no existe en este sentido.

Jesús supuestamente nos dio esta revelación—la verdad sobre nuestra ilusión—en *Un Curso de Milagros*, un obra de tres volúmenes hecho por Jesús canalizada a través de una señora llamada Helen Schucman, cuyo propósito es mostrarnos el error del Ego y enseñarnos que el camino de regreso a casa, hacia Dios, es a través del perdón. *(Interesantemente, Helen era un canal bastante renuente y nunca creyó ni una sola palabra de lo que había canalizado).* En contradicción con algunas teologías Cristianas, muchos eruditos bíblicos encuentran estas mismas ideas expresadas en la Biblia.

De cualquier modo, contrario a lo que el Ego nos ha hecho creer, la verdad es que realmente hemos venido al plano físico con la bendición de Dios y Su amor incondicional. Dios siempre honrará al más alto nivel nuestro libre albedrío y nuestras elecciones, y nunca ofrecerá intervención Divina—a menos que se le pida.

Afortunadamente, el Perdón Radical provee la herramienta perfecta para pedir dicha ayuda porque, durante el proceso, ustedes le demuestran a Dios que han visto más allá del Ego y han vislumbrado la verdad de que sólo el amor es real y que todos somos uno con Dios, incluso aquellos que a simple vista son nuestros enemigos.

2. El Ego como un Guía Amoroso:

Esta manera más amigable de ver al Ego—la cual encuentro igual de válida—sostiene que lejos de ser nuestro enemigo, el Ego es parte de nuestra alma: una parte que se divide para desempañar el papel de guía en el Mundo de la Humanidad con un fin determinado y en perfecta oposición al Ser Superior.

Ese papel consiste en proveer un anclaje en el Mundo de la Humanidad que pondría plenamente a prueba nuestra habilidad de ser un ser espiritual teniendo una verdadera experiencia humana.

Ego provee: la creencia en la dualidad, la separación y el miedo. Más aún, necesitamos experimentar plenamente estos sentimientos en el nivel sentimental para poder despertar y recordar que lo opuesto es verdadero.

Nuestro Ego, entonces, en este modelo, es el guía que nos llevará a través de estos caminos hacia la ilusión y tratará de enseñarnos muchas lecciones falsas que nos mantendrán atrapados en la ilusión. Pero lo hace no por mala fe, ni siquiera por su propia supervivencia, sino porque nos ama y porque sabe que necesitamos esta experiencia para nuestro crecimiento espiritual.

Pero el Ego no lo hace solo. El Ser Superior es nuestro otro guía que espera pacientemente mientras caminamos con el Ego hacia la ilusión, hasta que nos encontramos listos para escuchar la verdad. Es a través de dulces susurros del Ser Superior que despertamos, poco a poco, hasta que finalmente

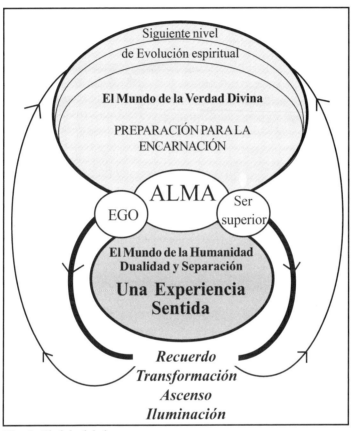

Fig. 6: El viaje del alma

recordamos quiénes somos y regresamos a casa. Eso es transformación e iluminación.

Este es el camino de nuestra alma mientras que estemos en forma física. Y no hay atajos. Sin el Ego y el Ser Superior haciendo su magia, simplemente nunca llegaríamos allí.

81

Los invito a que consideren ambas definiciones como verdaderas al mismo tiempo. Yo creo que la primera es verdadera en términos de explicar retrospectivamente nuestro descenso inicial a la forma física y cómo llegamos a ver (falsamente) ese evento, pero la segunda está fundamentada en una verdad más profunda, específicamente, en que no existe ningún tipo de separación dentro de nosotros.

Tal vez son dos cosas distintas; no lo sé. Realmente no importa. Cada una de las definiciones me ayuda a darle sentido a esta experiencia humana en términos de verdad espiritual, y confío en que será igual para ustedes.

7: Escondites y Chivos Expiatorios

Es esencial para el concepto del Perdón Radical comprender el papel que desempeñan los mecanismos psicológicos gemelos de defensa del ego, la represión y la proyección, en cuanto a la sanación de las relaciones. Una inspección más cercana de cada uno de los mecanismos puede, por lo tanto, ser de ayuda.

Actuando en conjunto, la represión y la proyección hacen estragos en nuestras relaciones y en nuestras vidas. Juntas crean y mantienen el arquetipo de la víctima. Comprender cómo trabajan nos permite contrarrestar que el Ego las utilice para mantenernos separados unos de los otros y de Dios.

1. Represión:

Operando como un mecanismo psicológico de defensa normal, la represión se da cuando los sentimientos tales como el terror, la culpa o el enojo se vuelven tan abrumadores que la mente simplemente los bloquea por completo de la conciencia. Esto hace que la represión sea un mecanismo poderoso de seguridad mental, ya que sin este mecanismo de bloqueo fácilmente enloqueceríamos. Funciona tan efectivamente que no tenemos recuerdo alguno de los sentimientos o de los eventos que los originaron—totalmente bloqueados de nuestra conciencia por días, semanas o años—algunas veces por el resto de nuestras vidas.

Supresión

La represión no debe confundirse con este otro mecanismo de defensa similar menos severo. La supresión ocurre cuando *conscientemente* nos rehusamos a reconocer emociones que no deseamos sentir o expresar. A pesar de que sabemos que están allí, tratamos de alejarlas u *obstruirlas,* y nos rehusamos a lidiar con ellas. Sin embargo, el negarlas continuamente por largos períodos de tiempo puede llevarnos a un *entorpecimiento* que es equivalente a reprimirlas.

Culpa y Vergüenza Reprimidas

La culpa es una experiencia humana universal. En la profundidad de nuestra mente inconsciente tenemos una culpa y una vergüenza abrumadoras relativas al pensamiento, no verdadero, de que estamos separados de Dios (el pecado original), que no tenemos más opción que reprimir este sentimiento. Definitivamente no podríamos manejar estas emociones de ninguna otra manera. Tómese en cuenta que la culpa y la vergüenza no son lo mismo. Sentimos culpa cuando sentimos que hemos *hecho* algo malo. La vergüenza nos lleva a un nivel más profundo de culpa en donde tenemos una sensación verdadera de *estar* mal. Con la vergüenza, el Ego nos hace sentir inherentemente equivocados en el mismos centro de nuestro ser. Ninguna vergüenza o culpa está tan profundamente arraigada como la vergüenza del pecado original, el fundamento central, pero totalmente falso, del sistema de creencias del Ego.

La Vergüenza Bloquea la Energía

Se puede avergonzar fácilmente a los niños pequeños, por ejemplo, cuando se orinan, tienen una erección, muestran enojo, actúan tímidamente y demás. Mientras que estos pueden ser sucesos naturales, los niños, sin embargo, sienten vergüenza, y los efectos acumulativos de estos sentimientos pueden volverse abrumadores. Consecuentemente, ellos reprimen su culpa, aun cuando sigue existiendo tanto en su mente inconsciente como en su cuerpo. Se arraiga a nivel celular en su sistema, y crea un bloqueo de energía en el cuerpo. Si se deja sin resolver por largo tiempo, este bloqueo da lugar a problemas mentales/emocionales, a problemas físicos o ambos. Muchos investigadores ahora reconocen que la emoción reprimida es la principal causa del cáncer.

Sentimientos Reprimidos

Un trauma grande, tal como la muerte de uno de los padres, puede causar que el niño reprima sus emociones. De la misma manera, algo aparentemente insignificante, como una crítica casual que se interpreta como de gran significado, o un evento que asume incorrectamente como su culpa, puede causar que se repriman emociones. Por ejemplo, los niños casi siempre interpretan un divorcio como culpa suya. La investigación sugiere que los niños recuerdan conversaciones que sus padres tuvieron cuando aún estaban en el vientre materno.

Una discusión sobre un embarazo no deseado antes del nacimiento puede hacer que el niño sienta que no es querido y tenga miedo de ser abandonado. Tales sentimientos serían reprimidos incluso en etapas tan tempranas en la vida de los niños.

Culpa Generacional

Los grupos e incluso las nacionalidades comúnmente reprimen culpa generacional acumulada. Sin duda alguna, este es el caso ahora respecto a los Estadounidenses negros y blancos sobre el tema de la esclavitud. Los problemas raciales que ahora experimentamos en los Estados Unidos surgen todos de la culpa no resuelta y reprimida de las personas blancas y del enojo no resuelto y reprimido de las personas negras.

El Lado Oscuro

También experimentamos una intensa vergüenza sobre aspectos de nosotros mismos que no nos gustan y, por lo tanto, rechazamos. Carl Jung, el famoso psiquiatra suizo, se refirió a esto como nuestra *sombra*, ya que representa nuestro lado oscuro, la parte que no queremos ver o que alguien más vea. Esta parte de nosotros mismos puede matar a otro ser humano; sabe que podríamos haber tomado parte en la matanza de seis millones de judíos si hubiéramos estado en Alemania durante ese tiempo, sabe que podríamos haber poseído esclavos y haberlos brutalizado si hubiéramos nacido blancos en el sur de los Estados Unidos antes de la guerra civil; que podríamos lastimar o violar a alguien; que es ambiciosa y avariciosa, es iracunda y vengativa o en alguna forma descarriada e inaceptable. Todas esas características de nosotros mismos, o áreas de nuestras vidas que nos hacen sentirnos avergonzados, las clasificamos como nuestra sombra y, por lo tanto, las reprimimos.

Sentados sobre un Volcán

Reprimir este tipo de energía ¡es como sentarse sobre un volcán! No sabemos cuándo se extinguirá nuestra fuerza, permitiendo así que la lava (lado oscuro) haga erupción y cause estragos en nuestro mundo. Esto explica por qué necesitamos un chivo expiatorio sobre el cual podemos proyectar toda esa vergüenza.

86

De esta manera, podemos liberarnos de la vergüenza aunque sea por un tiempo.

Proyección

Aún cuando reprimimos los sentimientos y/o recuerdos asociados con un evento de nuestra vida, sabemos, a un nivel inconsciente, que la vergüenza, culpa o auto-crítica asociados con dicho evento permanecen con nosotros. Así que intentamos deshacernos de ese dolor *quitándonoslo* y transfiriéndoselo a alguien más o a algo más que se encuentra *fuera* de nosotros. Este proceso de proyección nos permite olvidar que alguna vez tuvimos ese sentimiento.

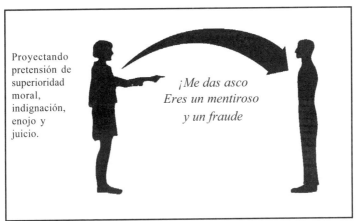

Proyectando pretensión de superioridad moral, indignación, enojo y juicio.

¡Me das asco Eres un mentiroso y un fraude

Fig. 7: Proyectando nuestra vergüenza reprimida

Una vez que proyectamos hacia alguien más aquello que no queremos tener, vemos que son ellos y no nosotros quienes poseen estas cualidades. Así que si reprimimos nuestra culpa y luego la proyectamos, creemos a esa persona equivocada. Si reprimimos nuestro enojo y luego lo proyectamos, vemos en los demás a la persona enojada. Podemos acusarlos de cualquiera de las cosas que tememos que nos acusen. ¡Por eso nos sentimos tan aliviados cuando proyectamos! Al hacerlo, hacemos responsables a alguien más de todas las cosas terribles que nos suceden o de lo que vemos negativo en nosotros mismos. Luego podemos exigir que se les castigue a fin de poder sentirnos todavía más rectos y a salvo de ser atacados.

Esto explica por qué nos gusta ver las noticias en la televisión. Las noticias nos brindan una oportunidad de proyectar toda nuestra culpa y vergüenza sobre los asesinos, violadores, políticos corruptos y otras *malas* personas que vemos en la pantalla, toda nuestra culpa y nuestra vergüenza. Después de hacerlo, podemos irnos a la cama sintiéndonos bien con nosotros mismos. Las noticias y todos los otros programas de televisión en los cuales aparecen personas y situaciones *malas*, nos proporcionan eternamente chivos expiatorios convenientes, sobre los cuales podemos proyectar.

Reconocer Cuándo Estamos Proyectando

Tan pronto como se sorprendan a sí mismos juzgando a alguien, sabrán que están proyectando. El enojo sirve como compañero constante de la proyección, ya que el Ego utiliza esta emoción en su intento de justificar la proyección de culpa. Cuando se enojen, también sabrán que están proyectando su propia culpa.

Lo que encuentran tan censurable en otra persona, simplemente sirve como un reflejo de aquella parte de ustedes que rechazan y niegan en ustedes mismos (su sombra) y a su vez proyectan en los demás. Si esto no fuera así, no se enojarían.

Este concepto—*lo que atacamos y juzgamos en otros es realmente lo que condenamos en nosotros mismos*—es la idea central tras el Perdón Radical, y la clave para nuestra propia sanación a nivel de alma.

Resonancia

Nos sentimos victimizados por otras personas precisamente porque ellas hacen eco de nuestra propia culpa, enojo, miedo o ira. *(Ver el siguiente capítulo)*. Sentimos como que ellos *nos estuvieran haciendo algo* para enojarnos. Cuando aceptamos que los sentimientos tienen que ver con nosotros, no con ellos, podemos dejar a un lado la necesidad de sentirnos victimizados.

El Ciclo del Ataque/Defensa

A pesar de que la represión y la proyección son solamente válvulas de alivio temporal de la psique, el Ego optó utilizarlas como medios de auto-conservación para mantenerse a sí mismo. Recuerden, el Ego simplemente consiste en una serie de creencias, siendo la principal el que estamos separados de Dios. De esta creencia se desprende la creencia de que Dios nos persigue y que cuando nos atrape nos castigará severamente. El Ego usa las dinámicas de represión y proyección para ocultar de nuestra conciencia estas creencias, así como también la culpa y el miedo que las acompañan. Por ello, la represión y la proyección se convierten para nosotros en una forma de vida permanente. Toda nuestra vida gira en torno a nuestra continua represión, negación y proyección, lo cual se mantiene perpetuamente a través de los interminables ciclos de miedo/ataque y defensa/ataque. Esto nos da una receta perfecta para un constante conflicto interno.

El Instinto por la Plenitud

Afortunadamente, a pesar de la increíble eficiencia de la represión y la proyección, el instinto innato hacia la plenitud, el cual emana de nuestras almas, es más poderoso que el Ego. Este instinto por la plenitud se origina de esa parte nuestra que sabe la verdad y no se siente contenta negándola y proyectándola. Esta parte, el alma, que pide a gritos que regresemos al amor, tiene la misma energía que crea nuestras oportunidades para aprender y para sanar—la energía del Perdón Radical.

Miedo a la Intimidad

Toda persona que conocemos nos ofrece la oportunidad de escoger entre la proyección o el perdón, la unión o la separación. Sin embargo, conforme más íntimos somos con alguien y más se acercan a nuestro yo verdadero, probablemente se encontrarán más cerca de conocer la culpable verdad con respecto a nosotros. Esta posibilidad de ser *descubiertos* crea un miedo enorme dentro de nosotros—y la tentación de proyectar se vuelve casi irresistible. Es en este momento que la luna de miel se acaba. El miedo a la intimidad se vuelve tan fuerte que la relación corre el riesgo de acabarse. La mayoría se acaban.

Todas las Relaciones son para Sanar

Para avanzar y tener éxito, debemos entender este fenómeno y utilizar el Perdón Radical para permanecer en la relación y llevar a cabo su verdadero cometido espiritual—el cual es sanar a las personas involucradas.

Como comentamos en la historia de Jill, el Perdón Radical ¡ciertamente puede salvar matrimonios! Sin embargo, esta no es necesariamente la meta. Si el propósito de la relación se ha logrado, lo cual quiere decir que las personas están sanadas, la relación puede que necesite disolverse natural y pacíficamente.

8: Atracción y Resonancia

Como vimos en el capítulo anterior, nosotros proyectamos nuestra culpa y enojo sobre las personas que tienen la capacidad de *resonar* con nuestros sentimientos, y dichas personas se convierten en convenientes chivos expiatorios.

Así como una estación de radio utiliza cierta frecuencia para transmitir sus programas, de la misma manera nuestras emociones (energía en movimiento) vibran a ciertas frecuencias. Las personas que resuenan con nuestros sentimientos vibran a la misma frecuencia, y pueden tener un patrón de emociones similar al nuestro—ya sea el mismo o el opuesto—el cual. pueden reflejárnoslo a su vez.

Nuestras creencias centrales también tienen cierta frecuencia. Al expresarlas en voz alta, les damos aún más energía y asumen una calidad causal en el Universo. Por ello, nuestras creencias habladas causan efectos en nuestro mundo. Es más, otras personas *resuenan* con la frecuencia energética de esa creencia. En otras palabras, vibran con complacencia a la misma frecuencia. Al hacerlo, son atraídas a nuestras vidas para reflejarnos nuestras creencias. Eso nos brinda una oportunidad de ver la creencia, y si es necesario, de cambiar de parecer con respecto a esa creencia. No solamente nos reflejan nuestras creencias negativas. Por ejemplo, si somos amorosos y confiados, tenderemos a atraer a nuestra vida a personas confiables y amorosas.

Recuerde la Parte 1, en la cual mi hermana Jill tenía una creencia de que ella no sería nunca suficiente para ningún hombre. Esta creencia resonó con un hombre que era un adicto sexual. El fue la pareja ideal para ella porque apoyaba su creencia al continuamente tener sexo con otras mujeres, mostrándole a ella que *no era lo suficiente* para él. Ella no hizo la conexión en esa relación y, en consecuencia, no sanó el dolor que originalmente creó esta creencia. Así que encontró a otro hombre (Jeff) que resonó con su creencia. El apoyó su creencia de una manera diferente, utilizando su propia situación de codependencia con su hija Lorraine como el catalizador. En esta situación, ella vio la conexión y se dio cuenta de que él le estaba reflejando su creencia de que no era suficiente, y ambos sanaron.

Si quieren saber qué les disgusta de ustedes mismos y lo que probablemente han rechazado, simplemente vean lo que les molesta de las personas que vienen a su vida. Véanse en el espejo que ellos les muestran. Si parecen atraer a su vida personas enojadas, probablemente no han lidiado con su propio enojo. Si las personas parecen no dar amor, alguna parte de ustedes no está dispuesta a dar amor. Si las personas les roban cosas, parte de ustedes se comportan deshonestamente. Si las personas los traicionan, tal vez ustedes han traicionado a alguien en el pasado.

Vean también lo que les molesta. Si el aborto realmente los enoja, tal vez parte de ustedes muestra poca reverencia por la vida en otros aspectos, o una parte de ustedes sabe que es capaz de abusar de un niño. Si ustedes están apasionadamente en contra del homosexualismo, tal vez no pueden aceptar que alguna parte de ustedes a veces tiene una inclinación homosexual.

El Salón de los Espejos

El reflejo no siempre aparece tan rápida o tan simplemente. Por ejemplo, algunas veces no nos identificamos con la conducta específica tanto como nos identificamos con el significado subyacente que tiene para nosotros. Un hombre que se enoja por la gula y obesidad de su esposa puede no estar resonando con alguna tendencia personal de gula; en vez de esto, puede que resuene con el hecho de que ella usa la comida para evitar confrontar problemas emocionales, ya que refleja la tendencia de él a huir de sus propios problemas emocionales. Claramente, ver lo que otros reflejan de nosotros puede ser como ver incontables imágenes distorsionadas en un salón de espejos.

Inversión Automática de la Proyección

La belleza del Perdón Radical radica en el hecho de que no requiere que reconozcamos lo que proyectamos. Simplemente perdonamos a la persona por aquello que está ocurriendo en ese momento. Al hacerlo, automáticamente deshacemos la proyección, sin importar cuán complicada sea la situación. La razón es simplemente porque la persona representa el dolor original que nos causó la proyección en primer lugar. Mientras lo/la perdonamos limpiamos ese dolor original. Aún más, no importa qué veamos como nuestros problemas, solamente existe para nosotros un problema básico—nuestro sentimiento de culpa por separarnos de Dios. Todos los demás problemas se derivan de este problema original.

Irónicamente, las personas que parecen molestarnos más son las que más nos aman y nos apoyan a nivel de alma. Casi siempre, y a menudo a expensas de sí mismos en términos de su propia incomodidad, estos individuos tratan de enseñarnos algo sobre nosotros mismos y de motivarnos a lograr la sanación.

Recuerden, este no es un intercambio de personalidad a personalidad. De hecho, lo más probable es que las personalidades de estos individuos choquen terriblemente. En cambio, las almas de cada jugador crean el escenario con la esperanza de que la persona eventualmente vea el problema y sane.

No se Tomen la Vida tan Personalmente

Quien llega a nuestras vidas a ayudarnos a cumplir con estas tareas es realmente irrelevante. Si una persona en particular no se toma el trabajo, alguien más lo hará. La tragedia es que, en nuestro papel de víctima, nosotros entendemos esto muy pocas veces. Nos imaginamos que por mala suerte fuimos el receptor del comportamiento dañino específico de alguien. No se nos ocurre que pudimos haber atraído (a nivel de alma) a la persona y a la situación por una razón, y que si no hubiera sido esta persona, simplemente hubiera sido alguien más. Erróneamente sentimos que si no hubiera sido por esta persona no habríamos tenido el problema. En otras palabras, vemos el problema como si tuviera que ver totalmente con la otra persona, justificando el odiarla y el resentirla por *causarnos* dolor e infelicidad.

Culpar a Nuestros Padres

A menudo escuchamos este tipo de culpa cuando las personas hablan de sus padres. "Si yo hubiera tenido otros padres, me sentiría pleno y completo el día de hoy", dicen las personas. Esto no es así. Es cierto que pudieron haber escogido padres diferentes, pero los nuevos padres les habrían proporcionado exactamente la misma experiencia, ya que eso era lo que su alma quería.

Repetir Patrones Relacionales

Cuando nos vemos a nosotros mismos como víctimas, sólo pensamos en matar al mensajero. No prestamos atención al mensaje. Esto explica por qué ahora las personas van de matrimonio en matrimonio recreando cada vez la misma dinámica relacional. No ven el mensaje con el primer cónyuge, así que se van con otro que continúa dándoles el mismo mensaje que el cónyuge anterior trató de darles.

Codependencia y Proyección Mutua

También encontramos a otros en quiénes proyectar nuestro odio a nosotros mismos; ellos no sólo lo aceptarán, sino que a su vez proyectarán hacia nosotros, el odio que se tienen a sí mismos. Llamamos a este tipo de acuerdo una relación codependiente o adictiva. Ese alguien especial compensa aquello que sentimos nos falta en nosotros mismos, diciéndonos continuamente que estamos bien; así que evitamos sentir nuestra vergüenza con respecto a quiénes somos. Nosotros hacemos lo mismo por ellos; por lo tanto, ambas partes aprenden a manipularse con un amor altamente condicional basado en una culpa subyacente. (El estereotipo de la madre judía es un maravilloso ejemplo de este arquetipo). En el momento en que la otra persona nos retira su aprobación, nos vemos forzados nuevamente a confrontar nuestra culpa y el odio a nosotros mismos, y todo se colapsa. El amor se vuelve inmediatamente odio y cada una de las partes ataca a la otra. Esto explica por qué vemos tantas relaciones que una vez parecían amorosas y con apoyo, ahora titubear y convertirse en un caudal de odio casi instantáneamente.

9:   Causa y Efecto

Paralela a la idea de que nosotros creamos nuestra propia realidad está la Ley de Causa y Efecto, la cual establece que toda acción tiene una igual reacción. Así, toda causa debe tener un efecto y todo efecto debe tener una causa. Debido a que los pensamientos son causales por naturaleza, cada pensamiento tiene un efecto en el mundo. En otras palabras, nosotros— inconscientemente la mayor parte del tiempo—creamos nuestro mundo, el Mundo de la Humanidad, con nuestros pensamientos.

Cuando vibramos a una frecuencia elevada, tal como cuando oramos, meditamos o contemplamos, podemos crear consciente e intencionalmente a través del pensamiento. La mayor parte del tiempo, sin embargo, lo hacemos inconscientemente. Los pensamientos casuales individuales no llevan mucha energía, así que pueden crear un efecto relativamente pequeño. Sin embargo, los pensamientos acompañados por una gran cantidad de energía, especialmente energía emocional o creativa, tienen un efecto mucho mayor en el mundo. Por tanto, juegan un papel más importante en la creación de nuestra realidad.

Cuando un pensamiento acumula energía suficiente para convertirse en creencia, tiene aún un mayor efecto en el mundo. Se vuelve un principio activo en nuestras vidas entonces podemos crear efectos—circunstancias, situaciones, aún eventos físicos, que toman ese principio como verdadero. Lo que creemos con respecto mundo dicta cómo será siempre para nosotros.

Aceptar el principio de que el pensamiento es creativo, es fundamental para comprender el Perdón Radical, ya que nos permite ver que lo que se nos presenta en nuestras vidas representa lo que hemos creado con nuestros pensamientos y nuestras creencias. Nos permite ver que simplemente estamos proyectando todos nuestros pensamientos y creencias respecto a *cómo son las cosas*.

Proyectando la Ilusión

Metafóricamente, nosotros proyectamos una película llamada *Realidad* a través de nuestra mente (el proyector) y la proyectamos *afuera*.

"Realidad"

Fig. 8: Proyectando nuestra propia realidad

Una vez que comprendemos que lo que llamamos realidad son sólo nuestras proyecciones, en vez de culpar a otros podemos empezar a asumir responsabilidad por lo que hemos creado con nuestros pensamientos. Cuando cambiamos nuestra percepción y dejamos nuestro apego a nuestra creencia de que lo que aparece en la pantalla representa la realidad, experimentamos el Perdón Radical.

La Conciencia Determina Qué Pasa

Aún cuando puede parecer difícil ver cómo opera el principio de causa y efecto en nuestras vidas, se vuelve evidente cuando averiguamos el origen de lo que está ocurriendo. En otras palabras, si quieren saber cuáles son sus creencias, sólo vean lo que está sucediendo. Eso les dirá lo que están proyectando. Por ejemplo, si siguen siendo atacados o les siguen pasando desastres, lo más seguro es que ustedes crean que el mundo es inherentemente un lugar inseguro. Usted está creando estos eventos para probar que tiene razón al respecto, y las personas lo están apoyando en esta creencia presentándose ante ustedes para comportarse de una manera amenazante o peligrosa.

Algunos amigos míos tienen un centro de conferencias espirituales en las montañas de Carolina del Norte. Werner, siendo un hombre de naturaleza prudente, pensó que él y su esposa, Jean, deberían tener seguro para proteger su edificio contra incendios, daños producidos por tormentas y por los tornados frecuentes que surgen en cada estación. Jean estaba en contra de la idea. Ella sentía que tener ese seguro indicaba claramente al Universo que no confiaban en su seguridad. Ahora, no estoy defendiendo esto, pero ellos decidieron no comprar el seguro.

Al año siguiente, una gran tormenta azotó la montaña y devastó el área. Miles de árboles fueron desarraigados y tirados. Cuando mi esposa y yo viajamos a visitarlos dos semanas más tarde, no podíamos creer lo que veíamos. Parecía una zona de guerra. Obviamente, se habían visto obligados a hacerse paso.

99

La tormenta había sucedido mientras 36 personas estaban en el centro asistiendo a una conferencia y ellos no pudieron salir por dos días. Sin embargo, a pesar de todos los árboles caídos, ni un solo carro y ninguno de los edificios sufrió daño alguno— y ambos estaban en medio de los árboles. Los árboles cayeron a centímetros de las estructuras y los autos, pero milagrosamente no dañaron nada. Para mis amigos, fue una gran confirmación de su fe y estar dispuestos a confiar.

Viendo esto desde el punto de vista del principio de causa y efecto, Jean reconoció que comprar un seguro reforzaba una creencia (una causa) en la adversidad e iba a crear la energía para que algo malo (un efecto) sucediera. En vez de eso, ella escogió el pensamiento (causa) "estamos haciendo el trabajo de Dios aquí y estamos completamente seguros". El efecto, como se manifestó en el mundo, fue que en medio del caos no sucedió nada malo.

Como lo he dicho, si quieren conocer sus creencias, vean lo que tienen en su vida—o lo que no tienen en su vida. Por ejemplo, si no tienen amor en su vida y aparentemente no pueden crear una relación amorosa, examinen sus creencias sobre auto-valoración o respecto a sentirse a salvo con el sexo opuesto. Por supuesto, esto puede no ser tan fácil como suena, pues las creencias que sostienen pueden estar enterradas profundamente en su mente inconsciente.

No Necesitan Saber el Por Qué

Las buenas noticias son que no es necesario que sepan por qué han creado su situación o qué creencias los han llevado a crearla. Simplemente ver la existencia de la situación es una oportunidad para percibirla en forma diferente—*estar dispuestos a verla como perfecta*—es suficiente para lograr el cambio requerido en la percepción y sanar el dolor original.

La verdad es que, desde el Mundo de la Humanidad no podemos saber *por qué* una situación es como es, pues la respuesta yace en el Mundo de la Verdad Divina y podemos saber poco o nada sobre ese mundo mientras tengamos forma humana. *Lo único que podemos hacer es rendirnos a la situación.*

Simplemente Ríndanse

Si para que el cambio deseado ocurra se requieren algunas reflexiones o conexiones, viejos recuerdos, movimientos emocionales y otros eventos psíquicos, éstos pasarán automáticamente y sin nuestro control consciente. Si tratamos de averiguarlo todo y manipular el proceso en vías de desarrollo, esto crea resistencia y bloquea el proceso completamente, lo cual nos pone nuevamente bajo la influencia del Ego.

Libertad de la Ley

Por lo tanto, es importante darse cuenta de que la Ley de Causa y Efecto solamente se aplica al Mundo de la Humanidad. Es una ley física, no una ley espiritual. Crear un lugar para estacionar el automóvil o cualquier otra cosa física que ustedes deseen y creen con su mente es solamente manipular la ilusión. Tiene muy poco que ver con ser espiritual. De hecho, si nos imaginamos que somos especiales en base a qué tan bien podemos manifestar en el mundo, eso simplemente incrementa nuestro sentido de separación y fortalece nuestro Ego.

Por otro lado, cuando realmente dejamos la necesidad de saber el por qué o el cómo de todo, dejamos nuestra necesidad de controlar el mundo y realmente nos rendimos a lo que es—tal como es, sabiendo que el amor de Dios está en todo, trascenderemos la Ley de Causa y Efecto completamente.

Entonces nos daremos cuenta de que el karma es sólo otra historia que existe en nuestras mentes en el Mundo de la Humanidad. En el Mundo de la Verdad Divina no existe el Karma o la Causa y el Efecto. Solo existe la primera causa, que es Dios.

Sin embargo, si nos ocupamos en actividades y maneras consistentes de ser que dan como resultado que nuestra vibración se eleve significativamente *(a través del uso continuo y sostenido del Perdón Radical por un largo período de tiempo, por ejemplo)*, podría ser que resultásemos siendo nosotros "primera causa".

Esto estaría en contraste a cómo son las cosas para la mayoría de nosotros en este momento, ya que siempre estamos en el "efecto" en este mundo de causa y efecto—siempre teniendo que reaccionar a lo que aparentemente está sucediendo "allá afuera".

Tal vez en un futuro no tan distante, cuando nuestra frecuencia vibratoria se eleve y tengamos toda nuestra energía y nuestra conciencia en el presente, en vez de estar atados al pasado o al futuro, nos sorprenderemos a nosotros mismos al no "notar" sincronicidades, sino "volviéndonos" la sincronía misma.

Para mayor información sobre cómo elevar su propia frecuencia vibratoria, cómo se compara con los "iluminados" y cuántas personas de cierta vibración son necesarias para cambiar la conciencia planetaria, les recomiendo el libro de David Hawkins "Poder vs. Fuerza", publicado por la editorial Hay House.

10: Misión "Perdón"

Ninguno de nosotros puede sentir que la travesía de nuestra alma terminó hasta que (como especie entera) hayamos cumplido la misión que creamos para nosotros mismos. Esta es nada menos que transformar las energías de miedo, muerte y dualidad al llegar a la realización plena de que no estamos separados de Dios y que tales energías son simplemente una ilusión. Esta es nuestra misión colectiva. Cada uno de nosotros sirve como una expresión individual de esa misión, y la vida que creamos para nosotros mismos aquí en el Mundo de la Humanidad sirve puramente para ese propósito. No hay excepciones. Ya sea que lo sepamos o no, todos nos encontramos en ese sendero espiritual.

Nuestra Misión Individual

Nosotros no decidimos a nivel humano con qué energías trabajamos. Esta decisión es tomada antes de nuestra encarnación por nuestro grupo de almas—un grupo al cual pertenecemos, integrado por almas que encarnan junto con nosotros o bien que actúan como nuestros guías espirituales durante nuestra encarnación.

Una vez que se ha decidido con qué energías vamos a trabajar, nosotros escogemos cuidadosamente a padres que nos proveerán las experiencias que necesitamos como niños y hacemos arreglos respecto a la venida de otros en el momento

103

oportuno a fin de que desempeñen sus papeles respectivos en las experiencias necesarias para cumplir nuestra misión. Luego creamos dramas a lo largo de nuestras vidas físicas que nos permiten experimentar los sentimientos o energías que constituyen nuestra misión. Estos dramas sirven como oportunidades para que veamos la ilusión, perdonemos, sanemos y, al hacerlo, recordemos quiénes somos.

Misión Amnesia

Vista a partir de la perspectiva del Mundo de la Verdad Divina previo a la encarnación, la misión parece ser fácil. Sin embargo, una vez que encarnamos toma un nuevo grado de dificultad. Esto es debido no sólo a la gran densidad de energía que existe en el Mundo de la Humanidad, sino que también la misión debe realizarse sin ninguna conciencia de que hemos escogido esta experiencia. Si supiéramos (recordáramos) la verdad sobre nuestro propósito, la experiencia no tendría sentido. ¿Cómo podemos recordar quiénes somos si nunca lo hemos olvidado? Así que el Espíritu crea la experiencia humana de manera tal que cuando nacemos en nuestros cuerpos perdemos todo recuerdo de nuestra misión y toda la conciencia de que la vida en el plano físico es, de hecho, *un montaje.*

Para cumplir nuestra misión (transformar energías), debemos tener una experiencia completa de esas energías. Por ejemplo, para transformar la energía de la *víctima*, debemos sentirnos totalmente victimizados. Para transformar la energía del miedo, debemos sentirnos aterrorizados. Para transformar la energía del odio, debemos consumirnos en odio. En otras palabras, debemos adentrarnos completamente en la experiencia de ser humanos. Es sólo cuando hemos sentido completamente las emociones asociadas con estas energías que obtenemos la habilidad de perdonarlas. Y es perdonándolas como recordamos quiénes somos.

Desde este punto de vista, claramente nunca estamos en posición de juzgar a nadie. Una persona que aparentemente odia puede haber escogido como su misión el transformar esa energía. Por ello, su comportamiento de odio, aunque aparentemente lastime a otros *(cuya misión puede consistir en ser voluntarios para que se les proyecte odio)* no es ni correcto ni incorrecto. Su comportamiento de odio simplemente representa lo que es necesario que pase para transformar la energía del odio. Punto.

La energía del odio se transforma cuando alguien que se siente odiado ve el amor que existe más allá del odio y perdona a la persona por odiarla. En ese momento, los corazones se abren y el amor fluye entre estas dos personas. Así, el odio es transformado en amor.

La Historia de Janet

Janet, quien tenía cáncer, asistió a uno de mis primeros retiros de cáncer, pero su tumor no era lo único que se la estaba comiendo. La ira que sentía con respecto a su hija de veintitrés años, Melanie, estaba haciendo lo mismo.

De cualquier modo, Melanie exhibía un comportamiento rebelde bastante fuerte. Ella era verbalmente abusiva con Janet y con el nuevo esposo de Janet, Jim, y se había juntado con un hombre bastante desagradable. "La odio con toda el alma" relataba Janet. "Su comportamiento hacia a mí y hacia Jim es simplemente abominable y ya no puedo soportarlo más. Realmente la odio."

Escarbamos más profundamente en la historia personal de Janet y nos dimos cuenta de que había existido una relación similar entre Janet y su propia madre. No estaba tan clara ni el drama era tan intenso como lo que estaba pasando con Melanie, pero la dinámica era similar. Janet resentía cuánto su madre la había controlado y tratado de manejar su vida. Janet no se rebeló como Melanie, en lugar de eso, se volvió retraída y fría hacia su madre.

Empezamos a explorar cómo la dinámica con Melanie reflejaba el deseo de su alma de ayudarla a sanar su situación con su madre, pero Janet no estaba dispuesta a ver esto. Simplemente estaba demasiado enojada para escuchar cualquier cosa que no correspondiera a sus sentimientos. Así que le pedimos que se conectara con su enojo, que lo sintiera y lo expresara gritando y pegándole a una almohada con una raqueta de tenis. (El enojo se libera muy efectivamente a través de la combinación de la acción física y el uso de la voz). A pesar de que liberó algo de su enojo hacia su madre, su enojo hacia Melanie aún seguía allí.

El Satori de Janet

La sesión vespertina durante el retiro estaba reservada para la **Respiración Satori.**. Para experimentar la Respiración Satori y utilizarla para fines de sanación, todo el grupo se acuesta en el piso y respira consciente y vigorosamente cerca de una hora mientras escuchan música a alto volumen. *(Ver Parte 4, Capítulo 27)*. Aunque este sonido sea incómodo, respirar de esta manera a menudo trae como resultado liberación emocional, reflexión e integración del cambio a nivel celular. Esa noche, Janet tuvo su Satori—su despertar.

Después de la sesión de respiración, las personas empezaron a compartir lo que les había sucedido durante el ejercicio. Tan pronto como Janet comenzó a compartir, sabíamos que había pasado algo importante.

Su voz era suave y dulce, mientras que anteriormente había sido dura y abrasiva. Su postura era relajada y abierta; antes había sido tiesa y contraída. No había ni una huella del enojo que había llenado su ser y que todos habíamos sentido emanar de ella anteriormente. Estaba calmada y evidentemente pacífica. De hecho, casi no parecía ser la misma persona.

"No tengo idea de lo que significa todo esto" comenzó. *"Todo lo que sé es que vi algo mientras estaba respirando y se sintió más real que cualquier otra cosa que pueda describir. No pasó mucho por un buen rato después de que había empezado a respirar"* continuó. *"De repente, me encontré flotando en el espacio, allá afuera en el éter. No estaba en un cuerpo físico y sabía con certeza que estaba volviendo a experimentar un tiempo anterior a mi vida actual. Era espíritu puro. No me había sentido tan pacífica y con tanta calma. Luego me percaté de la presencia de Melanie, quien también se encontraba en forma de espíritu. Ella se acercó y empezamos a danzar juntas—simplemente danzando en el espacio sin limitación alguna."*

"Empezamos una conversación sobre venir juntas a nuestra próxima vida" dijo Janet. *"Esta vida. La principal cuestión sobre la que tuvimos que decidir era quién desempeñaría qué papel—quién iba a jugar a ser la madre y quien iba a jugar a ser la hija. Realmente no importaba mucho, porque de cualquier manera iba a ser una tarea difícil para ambas. Iba a ser una prueba muy fuerte para nuestro amor.*

107

*Teníamos que decidir, así que acordamos que yo sería la
madre y que ella sería la hija y que íbamos a encarnar
pronto después de ello. Eso fue todo."* Concluyó.

*"Aparentemente no pasó mayor cosa, pero realmente sí.
No puedo ponerlo en palabras. No puedo describir la
profundidad y el significado de lo que experimenté."*

Energías Transformadas

Discutimos su experiencia y vimos el concepto de la misión,
como lo sugería la visión de Janet. Otras personas en el grupo
se sintieron conmovidas por su experiencia y sintieron que se
aplicaba a su propia vida. Yo sugerí que Janet no le dijera nada
a Melanie cuando regresara a casa después del retiro. Un par
de días después del regreso de Jane, Melanie llamó a su madre
y le preguntó si podía visitarla y hablar. Janet estuvo de acuerdo
y, aunque su primer encuentro fue vacilante e incómodo, su
relación cambió dramáticamente después de eso. Melanie
prontamente dejó su comportamiento extraño, se deshizo del
novio desagradable y regresó a casa para estar con su madre
y cuidarla durante su enfermedad. Literalmente, se volvieron
las mejores amigas y fueron inseparables después de eso.
Además, la madre de Janet empezó a llamarla más seguido, y
gradualmente su relación también comenzó a mejorar.

En este ejemplo, la transformación de la energía sucedió de
una manera tortuosa. Janet se resistía en extremo a perdonar
a Melanie. Su alma la guió al retiro para que pudiera hacer un
proceso que la abriera a recordar el acuerdo de su misión, lo
cual a su vez le permitió ver la perfección de la situación. Al
perdonar a Melanie, ella transformó el odio en su relación y,
como resultado, sanó el dolor original entre ella y su madre.

Misiones para Sanar la Comunidad

Mientras todos nosotros venimos a sanar aspectos de nuestra propia alma o los de nuestro grupo de almas, hay quienes pueden encarnar con un papel mayor. Esto puede consistir en tomar energías particulares que se utilizarán a nivel social/político/ nacional e internacional, y ofrecer la oportunidad de sanar a grupos grandes de personas.

Por supuesto que, como sucede con todas las misiones, puede ser que no parezca para nada una oportunidad de sanación. Puede mostrarse como una guerra o una hambruna o tal vez un desastre natural. Pero cuando nos abrimos a contemplar la posibilidad de que se está ofreciendo la sanación a un grupo de almas y que todo está siendo orquestado por el Espíritu para el mayor beneficio de todas las almas involucradas, empezamos a ver las cosas muy diferentemente. Déjenme darles algunos ejemplos increíbles.

1. Imagínense que el alma que vino como Adolfo Hitler lo hizo con la misión de transformar la conciencia de víctima del pueblo judío y la conciencia de superioridad del pueblo germana.

2. ¿Qué pasaría si Saddam Husseim vino a ayudar a la conciencia de los Estados Unidos a transformar su culpa sobre la esclavitud y el terrible abuso de su propia gente? *(Ver mi nuevo libro, "Una Encarnación Radical", el cual explora esta posibilidad).*

3. Supongan que Slobodan Milosevic vino para permitirle a los Estados Unidos proyectar en él el auto-odio que sienten sobre la limpieza étnica que perpetró contra los Nativos Americanos.

4. ¿Qué pasa si el gobierno de la China tuvo que invadir el Tibet para que el Dalai Lama fuera obligado a viajar por el mundo y esparcir su bello mensaje más allá de las fronteras del Tibet?

5. Supongan que el alma de la Princesa Diana escogió morir exactamente de la manera que lo hizo y cuando lo hizo para abrir el chakra del corazón de Inglaterra.

[En la primera edición de este libro, la historia de la Princesa Diana aparecía como el Epílogo. Esto era porque ella murió unos días antes que se fuera a la imprenta, así que tenía que ir casi como una reflexión posterior. Sin embargo, en esta nueva edición, estoy incluyendo este capítulo ya que es muy pertinente respecto al asunto de la misión.

El evento aún estaba bastante reciente en mi mente cuando escribí por primera vez sobre la muerte de Diana. El funeral había sucedido hacía muy poco, y la efusión emocional aún continuaba. Yo aún estaba experimentándolo y pienso que eso se muestra en lo que escribí. Por esa razón, he decidido no alterar la versión original para que puedan experimentar el "satori" a través de mi propia experiencia del mismo.]

Adiós Rosa de Inglaterra

Empecé este libro con una historia sobre mi hermana Jill. El propósito era ilustrar cómo una situación aparentemente desesperada puede transformarse cuando la enfocamos desde el punto de vista del Perdón Radical.

Unos días antes de que ir a la imprenta, el destino me dio una oportunidad de terminar el libro con una historia que era igualmente instructiva y abre la perspectiva del Perdón Radical.

A diferencia de la historia de Jill, esta historia es una con la cual virtualmente todo el mundo se encuentra familiarizado, así como también involucrado emocionalmente. Me refiero por supuesto a la historia de la Princesa Diana, quien hizo su inesperada transición en la madrugada del domingo 31 de agosto de 1997.

El drama comenzó para mí cuando mi amigo de toda la vida, Peter Jollyman, me despertó con una llamada telefónica desde Inglaterra. Para él era alrededor de mediodía, pero para mí, en Atlanta, era aún muy temprano y aún no había visto el periódico o escuchado la radio. "¿Escuchaste acerca del accidente?" preguntó. "¿Qué accidente?" repliqué, aún en estupor, pero lo suficientemente consciente para saber que debía tratarse de algo serio para que él me llamara de esta manera. "La Princesa Di murió anoche en un accidente de automóvil en Paris. Estaba siendo perseguida por los paparazzis. Su auto giró fuera de control y chocó contra un poste. Ella y Dodi murieron."

Noté que un superficial remordimiento me recorría mientras escuchaba los detalles de acuerdo a su conocimiento en ese momento, pero no puedo decir que tardó más que unos momentos. Traté de sonar consternado pero realmente me sentía ambivalente sobre ello.

Muchas personas murieron en las últimas veinticuatro horas, pensé mientras colgaba el teléfono. ¿Por qué habría de ser su muerte más o menos trágica que la de cualquier otra persona? Era su tiempo para irse y eso era

111

todo. Era triste por sus dos hijos, por supuesto. Con eso, bajé las escaleras para hacer un poco de té y preparar el desayuno.

Luego encendí el televisor y desde ese momento lentamente comencé a dejarme llevar por ello y a involucrarme con lo que pasaría en los días siguientes, culminando con su funeral el sábado por la mañana, una montaña rusa de emociones.

Conforme pasaban los días, me di cuenta de que algo realmente extraordinario estaba sucediendo. La reacción hacia la muerte de la Princesa Diana, no sólo en Inglaterra, sino en el mundo, era verdaderamente fenomenal. Mientras veía a mis compatriotas en el televisor, sinceramente apesadumbrados, llorando y condoliéndose en público—algo que las personas inglesas usualmente no hacen—me di cuenta de que estaba sintiendo las mismas emociones y llorando con ellos. Estaba consternado al darme cuenta que también estaba condolido. De alguna manera esta mujer, a quien nunca había conocido o en quien no había pensado mucho, especialmente durante los trece años que había vivido en los Estados Unidos, me había impactado profundamente. Sentí la pérdida profundamente, y estaba muy sorprendido.

Realmente empecé a prestarle atención y a preguntarme qué estaba pasando aquí verdaderamente. Algo con un significado extraordinariamente profundo estaba sucediendo y comencé a buscar dentro de mí para encontrar el mensaje y el significado en ello. La muerte de Diana claramente tenía un significado más allá de las circunstancias aparentes en que había sucedido, tan dramáticas como aparentaban ser. Algún propósito superior estaba jugándose aquí, pensé.

Luego, el miércoles, lo entendí. Mientras veía las escenas de Inglaterra y experimentaba el derrame de emociones de las personas, quienes no precisamente tienen fama de demostrar sus emociones, especialmente en público, de repente me di cuenta de cuál había sido la misión espiritual de Diana. Todo el propósito de su encarnación había sido abrir el chakra del corazón de Gran Bretaña y, al hacerlo, acelerar considerablemente la evolución espiritual de los británicos, nada más. No tenía duda alguna de que había logrado exactamente eso.

Nadie que viera los eventos de esa semana podía dudar que ella había transformado al país por sí sola—y de hecho, la mayor parte del mundo—a nivel del corazón. Me vienen a la mente sólo unas cuantas personas de toda la historia humana que han logrado tal efecto en el mundo puramente a través de la expresión de la energía amorosa: Gandhi, Martin Luther King y Nelson Mandela, tal vez; La Madre Teresa y Jesucristo, ciertamente. (Con razón la Reina de Inglaterra inclinó su cabeza delante del ataúd de Diana—algo nunca visto).

Si bien en términos de logros humanos y ejemplos espirituales en la vida, cualquier comparación con la Madre Teresa es injusta; resulta interesante notar que la muerte de la Madre Teresa, cuya vida y trabajo a los ojos de la mayoría de la gente la llevó cerca de la santidad en su vida, no tuvo la atención que tuvo la muerte de Diana ni por un momento. Que dos mujeres cuyas vidas tocaron tan profundamente al mundo a través del amor auténtico hicieran su transición con días de diferencia una de la otra tiene un enorme significado espiritual.

Aunque los ingleses hayan vivido dos guerras en este siglo, sufriendo y llorando grandes pérdidas, superaron todo con su legendario sentido del humor y su indiferencia proverbial, pero creo que es justo decir que no lo superaron con un corazón abierto. Eso tenía que esperar, no solo la venida de una princesa del pueblo sino también su muerte divinamente planeada y, para nosotros al menos, temprana y trágica.

Desde esa fecha, los comentaristas han tratado en vano de explicar su impacto en el mundo en términos de nuestra fijación y disposición a casi deificar a las celebridades, a quienes conocemos sólo a través de los medios de publicidad. Jonathan Alter en Newsweek acertó más que otros al referirse a lo que Richard Sennet llamó en The Fall of Public Man *(La Caída del Hombre Público) la ideología de la intimidad, en la cual las personas "buscan encontrar un significado personal en situaciones impersonales". Es cierto que las personas no la conocían personalmente y, hasta allí, se mantiene como una situación impersonal. Aún así, trascendió esas limitaciones impuestas por el tiempo y el espacio, y de alguna manera tocó el corazón de todos muy profundamente de una manera que no puede explicarse fácilmente.*

La clave para entender su poder como ser humano radica en el arquetipo del sanador herido, que nos enseña que nuestro poder yace en nuestras heridas—en el sentido que es la herida en mí la que evoca la sanación en ti y la herida en ti evoca la sanación en mí. Todos somos sanadores heridos, pero no lo sabemos. Cuando mantenemos nuestras

114

heridas escondidas y totalmente privadas, nos separamos y negamos la sanción no sólo a nosotros mismos sino también a incontables otros. La actitud de indiferencia es una forma terrible de retener el amor. Atrofia el corazón y vuelve inválida al alma. A través de su voluntad para compartir sus más profundas heridas con todo el mundo, la Princesa Diana evocó el sanador en todos nosotros, abrió nuestros corazones y sanó nuestras almas fracturadas.

Todo el mundo observaba mientras las personas seguían la guía de Diana y se abrían, compartiendo su dolor y sus heridas, tal y como ella lo había hecho. Ella le dio a las personas un lenguaje de intimidad que ellos podían usar para expresar sentimientos abierta y auténticamente. No recuerdo ver ningún despliegue de emoción y sentimiento que no fuera totalmente auténtico, y en la televisión de hoy, eso es realmente inusual.

Conforme cada uno de nosotros empezamos a emerger del dolor de la pérdida y las laceraciones del dolor, enojo y proyección de culpa con respecto al apetito insaciable por la imagen de Diana y la curiosidad respecto a su vida, que la prensa y los paparazzis simplemente reflejaban por nosotros, empezamos a discernir a través de la bruma y los velos, la perfección divina de todo. Mientras más contemplamos la misión que ella había aceptado y el alcance de su éxito, más podemos rendirnos a esa perfección.

Nos encontramos a nosotros mismos experimentando un nuevo nivel de paz mientras trascendemos las emociones y los pensamientos que una vez nos hubieran atado al Mundo de la Humanidad para siempre y nos hubieran tenido como rehenes del arquetipo de la víctima y nos movimos hacia la aceptación del hecho de que todo debía desarrollarse exactamente de esa manera. La misión absolutamente requería la crianza que ella tuvo, el matrimonio en el que le fue terriblemente mal, el rechazo que sufrió a manos del establishment real, las críticas de la prensa, el acoso de los paparazzi, la muerte violenta y dramática—todo, hasta el más mínimo detalle.

Y mientras el futuro se desarrolla, ustedes notarán que ahora que Diana ha regresado a "casa" habiendo completado su misión, las energías que mantuvieron todas esas dinámicas empezarán a dispersarse. No sólo ella se liberó de esas dinámicas, también todas las otras personas que estuvieron involucradas en el drama que sabemos que es sólo una ilusión. Carlos ahora es libre de ser más cálido, menos distante y un padre más amoroso para sus dos hijos—y él indudablemente lo será. (La Prensa dirá que él cambió por lo que pasó, pero nosotros sabremos la verdad). La Reina probablemente será menos estirada, más abierta y no tan irrelevante. La monarquía misma trascenderá el culto a la personalidad y se convertirá en una institución más fuerte, con más significado, no como una respuesta directa a lo que pasó, sino porque el cambio de energía se dio cuando la misión terminó y la transformación se completó.

Pero no porque una persona abre el chakra del corazón garantiza que se mantendrá abierto. Eso es una elección que se debe tomar a cada momento. Lo mismo sucede con la comunidad. Los británicos y otros lugares del mundo se mantendrán en la vibración de amor a que la muerte de Diana los catapultó y usarán ese poder para transformarse a sí mismos, su familia real y su sociedad, o se enfocarán

en la ilusión de lo que pasó, culpando a Carlos, la familia
real en general, el conductor, la prensa y otros. *Si ellos
escogen esto último, esa será su elección y será perfecta
en sí misma, pero causará que el chakra del corazón de la
comunidad se cierre nuevamente.*

*Tal vez este libro tiene que jugar el papel de mantener el
chakra del corazón de la comunidad abierto. Tal vez la
reflexión que ustedes han obtenido al leerlo les permitirá
mantenerse enfocados no en la ilusión de lo que sucedió
en el túnel esa noche en Paris, sino en lo que es real en la
historia de la Princesa Diana, desde el principio hasta el
final de la misión que le dio significado.*

*Tal vez todos los que lean este libro realmente reconocerán
que, tal y como Jeff jugó su papel para Jill en la historia
de la Parte Uno, Carlos jugó su papel bellamente para
Diana—tal como lo hicieron Camilla Parker-Bowles y la
Reina. Tal vez será claro para todos los que lean este
libro que el drama llamó a jugar a esas almas amorosas y
valientes esos roles, en exactamente esa forma y cabe
mencionar que con gran costo para sí mismos. (El sacrificio
de Carlos para que el chakra del corazón de Gran Bretaña
se abriera no fue menos que el que hizo Diana—de hecho,
en términos humanos ordinarios, probablemente fue aún
mayor. ¡Le pudo haber costado nada menos que la
corona!).*

*Tal vez también será obvio para todos que fue acordado
previamente, antes de que las almas de los personajes
encarnaran en este mundo y que los paparazzis también
jugaran un papel esencial y amoroso en esto, tal como lo
fueron los editores que pagaron por las fotografías
entrometidas de Diana.*

117

Aquellos que sean capaces de volver a ver la situación siguiendo el planteamiento propuesto por el Perdón Radical hasta este grado, reconociendo que no hay víctimas aquí, serán un gran bastión de luz para todos aquellos que de lo contrario escojan enfocarse en la ilusión, cerrar sus corazones y perder la vibración de amor. Es mi ferviente esperanza que cada lector al que mi libro ha cambiado su vida se vuelva un bastión de luz—tomando lo que Diana dejó, ayudando a las personas a mantenerse en esta vibración nueva y más elevada que su transición perfectamente a tiempo promovió.

*Y me parece que viviste tu vida
Como una vela en el viento:
Nunca te apagaste con el atardecer
Cuando la lluvia llegó.
Y tus huellas siempre llegarán aquí,
En las verdes montañas de Inglaterra;
Tu vela se quemará mucho antes
Que tu leyenda.*

Traducción de "Candle in the Wind", Polygram Internaciona,l Inc. Escrita y actuada por Elton John en la Capilla de Westminster en el funeral de Diana, Princesa de Gales, 6 de Septiembre de 1997.

11: Transformando el Arquetipo de Víctima

Como vimos en el capítulo anterior, nuestra misión principal es transformar el arquetipo de víctima y elevar la conciencia del planeta. Pero ¿qué significa transformar algo, y cómo eleva la conciencia?

Lo primero que debemos entender es que podemos transformar algo sólo cuando lo escogemos como nuestra misión espiritual. Nosotros tomamos la decisión sobre nuestra misión no en este mundo sino en el Mundo de la Verdad Divina, antes de encarnar.

La segunda cosa que debemos entender es que transformar algo *no significa* cambiarlo. De hecho:

Para transformar algo debemos experimentarlo completamente y amarlo tal como es.

Por ejemplo, tal vez nuestra misión individual involucra nacer en una familia de abusadores para experimentar el abuso y conocerlo ya sea como la víctima o como el perpetrador del mismo. Recuerden, una vez que encarnan, desaparece su recuerdo de que acordaron con la misión. Si recordaran su misión, no experimentarían la energía y los sentimientos de víctima tan plenamente. Sólo en la experiencia de ser victimado se puede entender lo que existe tras la ilusión de la victimización—la proyección de su culpa. Si pueden ver más allá de la ilusión del perpetrador y reconocer estas acciones como un llamado de amor y pueden responder con amor y total aceptación, la energía de víctima se transformará y la conciencia de todos los involucrados se elevará. Es más, la energía que contiene el patrón de abuso desaparece y el comportamiento cesa inmediatamente. De esto se trata la transformación.

Por otro lado, si no reconocemos la verdad en la situación o no vemos más allá de la ilusión, y tratamos de cambiar las circunstancias físicas, encerramos la energía que contiene el patrón de abuso en un lugar y nada cambia.

Sólo el Amor Transforma

Sólo el amor tiene la habilidad de transformar energías tales como el abuso de niños, la ambición corporativa, el asesinato y todos los llamados males del mundo. Nada más tiene impacto alguno. Las acciones que se han tomado para cambiar dichas situaciones, tal y como sacar al niño de un ambiente de abuso, aunque sea por caridad, no crea transformación. La razón de esto es simple: Primero, tales acciones surgen del temor, no del amor. Segundo, nuestra intervención y nuestros juicios mantienen el patrón energético de abuso y lo encierra más fijamente.

Esto explica por qué la decisión de transformar algo puede tomarse sólo desde el Mundo de la Verdad Divina. Nosotros los humanos estamos tan cerrados respecto a nuestras creencias sobre el dolor y el sufrimiento, el miedo y la muerte, que aunque creamos que el alma de un niño en particular vino al mundo para experimentar el abuso y realmente quiere sentirse abusado, simplemente no podemos quedarnos ahí parados viendo que esto sucede. Si bien la misión se ve fácil desde el Mundo de la Verdad Divina, en el plano físico se presenta de una manera bastante diferente. ¿Quién podría dejar a un niño abusado en un ambiente abusador? No podemos dejar de intervenir. ¡Somos humanos!

Y como vimos en un capítulo anterior, necesitamos entregarnos a la idea de que el Espíritu sabe exactamente lo que está haciendo. Si no fuera para el bienestar e interés del niño que hubiera una intervención a su favor, las cosas se darían de una manera que nadie lo notaría. Si, por otro lado, el Espíritu decide que una intervención ayuda al bienestar del alma, arreglará que dicha intervención ocurra. Pero esta no es nuestra decisión. Nosotros, como seres humanos, siempre debemos responder de la manera que nos parezca más humana, más amorosa y compasiva mientras que, al mismo tiempo, sabemos que existe Amor en la situación.

El Perdón Radical Transforma

Como humanos, no estamos completamente impotentes a este respecto, ya que podemos transformar la energía de algo como el abuso infantil utilizando el Perdón Radical. Si realmente perdonamos, en el sentido radical, a todos aquellos implicados en la situación de abuso, definitivamente tenemos un impacto en el patrón energético. Eventualmente, el niño tendrá que perdonar para finalmente cambiar el patrón, pero cada vez que alguno de nosotros en cualquier situación, ya sea que estemos involucrados personalmente o no, escogemos ver la perfección en la situación, cambiamos la energía de una sola vez.

En una ocasión se me pidió que hablara en la Sociedad Nacional de Mediadores en su conferencia anual. Solamente tenía 45 minutos ¡e iban a estar almorzando mientras me escuchaban! Llegué temprano para escuchar sus conversaciones y poder tener una idea de cómo pensaban. Determiné que en términos de antecedentes, cerca del 50% de los participantes eran abogados y 50% eran consejeros, y que su compromiso con la mediación les abría la mente y eran flexibles en sus puntos de vista para resolver los problemas.

Durante los primeros veinte minutos más o menos, hice mi mejor esfuerzo por explicar los conceptos y las suposiciones en las que se basa el Perdón Radical. Después, dibujé el siguiente diagrama para representar la relación energética que existe entre ellos y sus clientes.

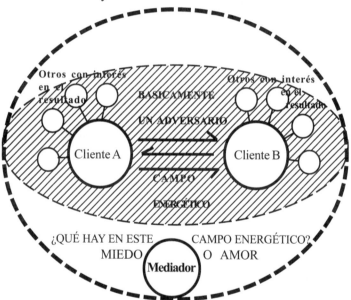

Fig. 9: Campos de mediación energética.

Después les dije que su percepción de la situación que ellos estaban mediando probablemente era que, lo que les estaba pasando a los clientes A y B, era desafortunado en el mejor de los casos y una tragedia en el peor de los casos. También, que su papel como mediadores era tratar de sacar lo mejor de un mal trabajo y resolver la situación de manera que al menos fuera lo menos dañina para ambas partes y sus dependientes.

Ellos aceptaron que esto era una caracterización justa de su tarea y que el campo energético alrededor de la situación para los clientes era de hostilidad y desconfianza. Si fuera de otra manera, no necesitarían un mediador. En esto también estuvieron de acuerdo.

Luego me enfoqué en la situación de su propia energía. Ellos vieron que su campo energético normalmente contenía pensamientos y sentimientos relacionados con la percepción de que esta era una "mala" situación. También sugerí que a pesar de que ellos estuvieran tratando de mediar y ayudar a ambos clientes, su percepción de que la situación era "mala" alimentaba el campo energético de los clientes y reforzaba su conciencia de víctimas.

Entonces les pregunté: "¿Qué pasaría si en vez de ver esta situación como trágica e indeseada, ustedes estuvieran dispuestos a jugar con la idea de que este es un Plan Divino desarrollándose exactamente como necesita desarrollarse, y que cada una de las partes, incluyendo los terceros, realmente están obteniendo lo que subconscientemente quieren a nivel de alma—y que esto es la verdad independientemente de cómo se resuelve la situación?"

"¿Creen que eso haría una diferencia? Su campo energético en vez de estar lleno de pensamientos y emociones basadas en el miedo, estaría lleno de amor. ¿Creen que eso tendría un efecto sobre cómo se resolvería finalmente la situación?"

Sorprendentemente, ellos comprendieron. ¡Hasta los abogados entendieron! Hubo una gran aceptación de la idea de que cómo manejaran la situación en sus propias mentes era un factor poderoso en determinar cómo se resolvía dicha situación. No era que todo se iba a hacer de una manera diferente y que se iba a cambiar todo. Simplemente era que al mantener ellos la idea de que todo era perfecto, la energía podría moverse sin mucha resistencia hacia cualquier dirección en la que necesitara moverse. Esto es lo que significa transformar energías.

Resonancia Mórfica

Lo que acabo de describir da lugar a la teoría de los campos mórficos y la resonancia mórfica de Rupert Sheldrake. Sheldrake es un biólogo inglés que postula la existencia de campos que están auto-organizados y sistemas auto-regulados en la naturaleza que organizan y sostienen patrones de vibración o actividad rítmica. Los elementos se atraen unos a otros por la resonancia mórfica para crear estos campos que están cambiando y evolucionando constantemente. Cuando un elemento en el campo cambia, esto afecto todo el campo. El concepto puede aplicarse a todo nivel, desde los fenómenos cuánticos hasta el comportamiento grupal social.

En el contexto humano, los campos mórficos vinculan a los miembros individuales a través de la resonancia extrasensorial y energética (conciencia), un proceso que es independiente del tiempo y el espacio. Es por ello que cuando alguien perdona, la persona que está siendo perdonada siente el efecto inmediatamente, sin importar qué tan lejos estén el uno del otro.

Volviendo a nuestra situación con los mediadores, podemos pensar que la situación en la cual se encuentran la mayoría de las veces es un campo mórfico en el cual a los individuos se les mantiene juntos a través de la resonancia mórfica, por la conciencia de víctima. En cuanto uno de los miembros (el mediador) cambia su conciencia en dirección al amor y la aceptación de que lo que es, es, el campo inmediatamente sufre una transformación y evoluciona a un nuevo acuerdo vibracional mucho más elevado. A través de la resonancia mórfica, los otros miembros del grupo tienen la oportunidad de alinearse de la misma manera, y para que la situación evolucione en diferentes maneras en las cuales no hubiera evolucionado si no se hubiera transformado la conciencia de esta forms.

Menciono esta investigación en particular para mostrar que la manera en que hablamos de energía y conciencia tiene un fundamento en la investigación y teoría científicas modernas.

Nelson Mandela nos ha Mostrado Cómo

La forma como Nelson Mandela manejó la situación de Sudáfrica cuando finalmente terminó la separación de las razas a principio de 1990, nos ayuda a aprender cómo transformar la energía a través del Perdón Radical. El *Apartheid,* el sistema político dominado por los blancos instalado durante tres cuartos de siglo, mantuvo a los negros y a los blancos separados—los blancos con lujos y los negros en una pobreza terrible. El propio Mandela estuvo encarcelado por 26 años. Cuando se le liberó fue Presidente del país. Sudáfrica se encontraba lista para una matanza de venganza y, aún así, Mandela logró una transición increíblemente pacífica —cuyo sello no era la venganza, sino el perdón.

No fue tanto lo que hizo para evitar que se diera la matanza, sino cómo manejo la energía. El se rehusó a vengarse, y en nombre de todas las personas, trascendió el arquetipo de víctima. Esto, a su vez, colapsó el patrón energético de violencia, el cual ya estaba instalado y a punto de dispararse. Sudáfrica aún se mantiene en transición el día de hoy y no sin problemas, pero su progreso es mucho mayor que aquél que hubiéramos soñado hace un par de décadas.

Nuestra misión colectiva de transformar el arquetipo de víctima exige que todos sigamos la guía de Mandela y no nos quedemos estancados en la experiencia de la víctima. Si no lo hacemos, seremos adictos a nuestras heridas y al arquetipo de víctima.

Codazos del Espíritu

Muy profundamente en nuestra mente subconsciente estamos en contacto con nuestra misión. El Espíritu continúa presentándonos oportunidades para transformar la energía de la víctima trayendo a la superficie cosas como el incesto, el abuso infantil, el abuso sexual y el odio racial. Cada uno de nosotros puede aceptar esta misión practicando el Perdón Radical en cualquiera de estas situaciones. Si suficientes de nosotros lo logramos, el cambio en la percepción que nos permite ver la perfección transformará la situación de tal modo que desaparezca la necesidad de tales patrones de energía.

Ejercicio en la Transformación

Para transformar el arquetipo de víctima, practiquen lo siguiente: cada vez que vean las noticias, cambien su estado mental y en vez de juzgar vean la perfección en la situación. En vez de aceptar una historia sobre prejuicio racial, por ejemplo, ayuden a transformar la energía de la desarmonía racial. Háganlo viendo a la persona o la situación que ordinariamente recibiría su juicio y censura, y vean si pueden trascender a un espacio de aceptación amorosa. Sepan que las personas en la historia están viviendo su parte en el plan Divino. No vean a alguien como la víctima y rehúsen etiquetar

126

a alguien como el villano. Las personas simplemente están actuando sus tramas para que la sanación ocurra. *Recuerden: ¡Dios no comete errores!*

12: El Ego Se Defiende

Al recordarnos que somos seres espirituales teniendo una experiencia humana, el Perdón Radical eleva nuestra vibración y nos lleva en dirección a la evolución espiritual.

Tal crecimiento representa una amenaza real para el Ego (definido como el complejo sistema de creencias profundamente arraigadas que nos dice que estamos separados de Dios y que Él nos castigará un día por escoger eso). Esto se debe a que mientras más evolucionados somos espiritualmente, es más probable que recordemos quiénes somos—y que somos uno con Dios.

Una vez que llegamos a esta realización, el Ego debe morir. Si hay algo que sabemos acerca del sistema de creencias de cualquier tipo, es que se resisten a todos los intentos de probarles que están equivocados, y el Ego no es la excepción. (Las personas demuestran todo el tiempo que prefieren tener la razón que ser felices).

Por lo tanto, mientras más usamos el Perdón Radical, más se defiende el Ego y trata de seducirnos para permanecer adictos al arquetipo de víctima. Una manera en que logra esto es usando nuestras propias herramientas para el crecimiento espiritual. Un buen ejemplo de esto es que el Ego usa el *trabajo del niño interior* para sus propios fines.

El trabajo del niño interior nos da una manera de ver hacia adentro y sanar las heridas de la niñez que aún llevamos con nosotros como adultos y que continuamente afectan nuestras vidas hasta el día de hoy.

Sin embargo, si nos enfocamos en nuestras heridas, el Ego ve una oportunidad para su propia supervivencia. Explota ese tipo de trabajo de niño interior, el cual usa al niño interior como una metáfora, para que nuestras heridas fortalezcan nuestro apego al arquetipo de víctimas. Este comportamiento causa que visitemos constantemente nuestras heridas, dándoles poder hablando constantemente de ellas, proyectándolas en lo que llamamos el niño interno y utilizándolas como medios de encontrar intimidad.

Culpar a Nuestros Padres

Mucho del trabajo del niño interno de los años ochenta se enfocaba en culpar a nuestros padres, o a alguien más, por el hecho de que ahora somos infelices. La idea "sería feliz hoy si no fuera por mis padres" es el mantra asociado con ese trabajo. Nos da permiso de sentir que *ellos nos hicieron esto,* una percepción con la cual es más fácil vivir que la de creer que de alguna manera hemos *pedido* ser tratados de esta manera. Tal punto de vista también complace al Ego, porque automáticamente nos recrea como víctimas. Mientras continuemos culpando a nuestros padres por nuestros problemas, cada siguiente generación continuará este patrón de creencia.

Limpiar la Toxina Emocional

No quiero dar a entender que es malo entrar en contacto con nuestra ira y dolor reprimidos en la niñez y buscar maneras de liberarlos. De hecho, hacerlo es esencial. Debemos primero hacer este trabajo antes de llegar al perdón, porque no podemos perdonar si estamos enojados. Sin embargo, muchos talleres y terapias se enfocan puramente en nuestro enojo y fallan en ayudarnos a transformarlo a través de cualquier manera de perdón. Cuando juntamos el trabajo sobre el enojo y el Perdón Radical, se limpia cualquier tipo de toxina emocional o mental reprimida, y se hace posible la liberación permanente del enojo. Así trascendemos nuestras heridas y la victimización.

Ritual Navajo de Perdón

Una vez escuché a Caroline Myss describir el ritual que los Indios Navajos tienen para prevenir que la "heridología" se vuelva un patrón adictivo. Mientras ellos ciertamente reconocen la necesidad que tienen las personas de hablar sobre sus heridas y que el grupo sea *testigo* de ello, comprenden que hablar sobre sus heridas le da poder a las heridas, especialmente cuando se hace en exceso. Por lo tanto, si una persona tiene una herida o algún dolor que compartir, la tribu se reúne y la persona lo lleva al círculo. Esta persona tiene permitido ventilar su dolor tres veces y todos escuchan con empatía y compasión. En la cuarta ocasión, sin embargo, mientras la persona entra en el círculo, todos le dan la espalda. "¡Suficiente! Te hemos escuchado expresar tu problema tres veces. Lo hemos recibido. Ahora déjalo ir. No lo escucharemos otra vez", dicen. Esto sirve como un poderoso ritual de apoyo para dejar ir el dolor pasado.

Imaginen si apoyáramos a nuestros amigos de la misma manera. Qué pasaría si después de que se quejaran sobre sus heridas y sobre su victimización tres veces, nosotros dijéramos "Ya te escuché lo suficiente sobre este asunto. Es tiempo que lo dejes ir. No le daré a tus heridas más poder sobre ti permitiéndote que me hables de ellas. Te amo demasiado."

Estoy seguro de que si hiciéramos esto, muchos de nuestros amigos nos llamarían traidores. Probablemente verían nuestro comportamiento no como un acto de apoyo amoroso puro sino como traición, y podrían ponerse en contra nuestra inmediatamente.

Ser un Verdadero Amigo

Si realmente queremos apoyarnos los unos a los otros en el camino de la evolución espiritual, creo que no tenemos más opción que la de tomar el riesgo, fijar límites con aquellos a los que amamos y hacer nuestro mejor esfuerzo para ayudarlos a que trasciendan la adicción a sus heridas. Tal acción nos llevará a alcanzar nuestra misión colectiva, transformar el arquetipo de la víctima y recordar quiénes somos realmente.

13: Tiempo, Medicina y Perdón

La evolución espiritual trae consigo una nueva apreciación por y el conocimiento de nuestros cuerpos físicos y cómo cuidarlos. El paradigma médico que hemos tenido por los últimos 300 años—desde que el filósofo francés Rene Descartes definió al cuerpo como una máquina—está cambiando radicalmente conforme avanza hacia la propuesta holística de mente-cuerpo.

Nosotros solíamos pensar que la salud era la ausencia de enfermedad. Ahora pensamos en la salud en términos de qué tan bien fluye la *fuerza vital* (prana, chi, etc.) a través de nuestros cuerpos. A fin de tener una salud óptima, esta fuerza vital debe poder fluir libremente. No podemos estar saludables si nuestros cuerpos están congestionados con la energía del resentimiento, enojo, tristeza, culpa y dolor.

Cuando hablamos aquí sobre el cuerpo, incluimos no sólo el cuerpo físico, que también es un *cuerpo energético*, sino también los cuerpos sutiles que nos rodean. A estos nos referimos individualmente como el cuerpo etérico, el cuerpo emocional, el cuerpo mental y el cuerpo causal. Cada uno tiene una frecuencia diferente. Si bien solíamos definir al cuerpo físico en términos de químicos y moléculas, los físicos nos han enseñado a ver los cinco cuerpos, incluyendo el cuerpo físico, como *condensaciones densas de patrones de energía que interactúan*.

133

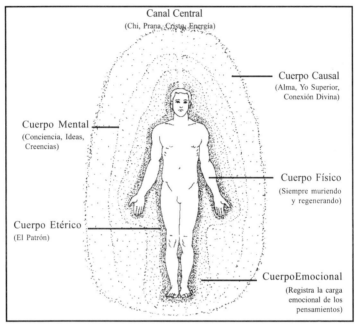

Canal Central
(Chi, Prana, Crista, Energía)

Cuerpo Causal
(Alma, Yo Superior,
Conexión Divina)

Cuerpo Mental
(Conciencia, Ideas,
Creencias)

Cuerpo Físico
(Siempre muriendo
y regenerando)

Cuerpo Etérico
(El Patrón)

CuerpoEmocional
(Registra la carga
emocional de los
pensamientos)

Fig. 10: Los cuerpos de energía sutil

Los campos sutiles envuelven al cuerpo físico en capas como envolturas de energía vibrante, cada una de ellas una octava más alta que la otra. Sin embargo, no son bandas fijas con límites claros como se muestra en el diagrama anterior. Más bien son, en gran parte, difusas dentro del mismo espacio como si todas fueran parte de un océano de energía que rodea a nuestros cuerpos.

Los cuerpos sutiles resuenan armoniosamente con los patrones vibracionales del cuerpo físico, permitiendo que la conciencia (mente) interactúe con el cuerpo. A esto nos referimos cuando hablamos de la *continuidad de la mente y el cuerpo*, con la mente existiendo tanto adentro como afuera del cuerpo físico. *(Para más detalles sobre las cualidades y el propósito*

134

adscrito a cada uno de estos cuerpos, vea la Parte 3, Capítulo 15).

Los Filtros Atascados Sobrecargan la Caldera

Para poner este concepto en el contexto de una analogía práctica, piensen en sus cuerpos como filtros que usualmente encontramos en las calderas—aquellos que se deben limpiar de vez en cuando para asegurarse que la caldera funcione eficientemente. Así como estos filtros fueron diseñados para permitir que el aire se mueva fácilmente a través de ellos, lo mismo sucede con nuestros cuerpos. La fuerza vital debe ser libre de fluir fácilmente a través de todos nuestros cuerpos— nuestro cuerpo físico y también nuestros cuerpos sutiles.

Cuando juzgamos, consideramos a alguien equivocado, culpamos, proyectamos, reprimimos el enojo, guardamos resentimientos, etc., creamos un bloqueo energético en nuestro cuerpo/cuerpos. Cada vez que hacemos esto, nuestro filtro se tapa más y consecuentemente hay menos energía disponible para nuestra *caldera.* Tarde o temprano el filtro falla, y por falta del oxígeno que necesita para mantenerse ardiendo, la *llama* se apaga. Más simple, cuando nuestro cuerpo físico y los cuerpos sutiles se atascan demasiado como para que la fuerza vital fluya fácilmente, nuestro cuerpo empieza a apagarse. En muchos casos, esto se manifiesta primero como depresión. Eventualmente, nuestro cuerpo se enferma y, si los bloqueos no se remueven, podemos morir.

Ustedes pueden recordar cómo mi hermana Jill sintió una liberación de energía cuando cambió su perspectiva por la del Perdón Radical. Su filtro de fuerza vital estaba bloqueado por su sistema de creencias tóxico sobre su propia carencia de valía, sin mencionar sus resentimientos pasados, enojo, tristeza y frustraciones sobre su situación actual. Cuando ella dejó ir todo eso, sus bloqueos energéticos se limpiaron, lo que le permitió también cambiar su estado emocional. Siempre que *perdonan radicalmente*, liberan grandes cantidades de energía de fuerza vital que entonces pueden estar disponibles para sanación, creatividad y para expresar su verdadero propósito en la vida.

La Liberación del Resfriado de Farra

Mi buen amigo Farra Allen, cofundador de la Escuela de Masajes de Atlanta y consejero de mente-cuerpo, se enfermó con un tipo de gripe viral que usualmente mantiene a las personas en cama por 10 días o más. Le pegó muy fuertemente, pero en vez de darle todo su poder al virus, decidió hacer un poco de trabajo interno sobre el mismo, trabajo que podía cambiar el patrón de energía manteniendo al virus en su lugar. Utilizando un proceso conocido como *imaginación activa*, que simplemente involucra escribir pensamientos como *un flujo de conciencia*, se encontró con una situación emocional hasta la fecha inconsciente y no resuelta. Él utilizó el Perdón Radical para aclarar la cuestión y la gripe desapareció casi de inmediato. A pocos días de haber caído enfermo, él estaba trabajando tiempo completo y sintiéndose muy bien. Esta es una poderosa demostración del poder sanador del Perdón Radical.

¿También Responde el Cáncer?

Imagínense que la enfermedad hubiera sido el cáncer en vez de la gripe, y que nuestra creencia fuera que empezó como una emoción profundamente reprimida. Pensando que la cura radica en liberar ese bloqueo de energía, nuestra recomendación hubiera sido que mi amigo se pusiera en contacto con los sentimientos reprimidos, sentirlos completamente y luego dejarlos ir.

Sin embargo, a diferencia del ataque de gripe de Farra, que probablemente se movió de su cuerpo sutil a su cuerpo físico en pocos días, este patrón de energía puede tomar muchos años en moverse del cuerpo sutil al cuerpo físico y, con el tiempo, manifestarse como una enfermedad. La pregunta que nos persigue es entonces *¿cuánto tiempo tomará que el proceso de la enfermedad se revierta completamente utilizando solamente el trabajo de liberación emocional?* Posiblemente, puede requerir el mismo numero de años que tomó que la enfermedad se manifestara—no es muy práctica si ustedes tienen cáncer o cualquier otra enfermedad en donde el tiempo es esencial—o al menos eso parece.

El Tiempo es un Factor en la Sanación

Nosotros solíamos pensar en el tiempo como algo fijo y lineal hasta que Einstein probó que el tiempo es realmente relativo y que la conciencia se convierte en un factor de la ecuación. Mientras más elevada sea nuestra conciencia, más rápidamente evolucionamos y más rápidamente suceden las cosas respecto al cambio en cualquier asunto físico al que le prestemos atención.

Piensen en la conciencia como nuestra frecuencia vibracional. Probablemente toma mucho tiempo revertir el proceso energético del cáncer si tenemos una frecuencia vibratoria baja. Automáticamente será baja si tenemos miedo, sentimos enojo y guardamos resentimiento en nuestro ser, pensamos en nosotros mismos como las víctimas y/o tenemos nuestra energía encerrada en el pasado. Para la mayoría de nosotros, esto representa nuestra conciencia la mayor parte del tiempo. Por lo tanto, pocos de nosotros podemos revertir una enfermedad como el cáncer lo suficientemente rápido dependiendo solamente de la liberación de la causa emocional de la enfermedad—eso es, a menos que encontremos la manera de elevar nuestra frecuencia vibracional.

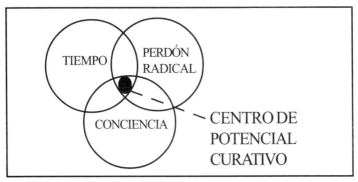

Fig. 11: Tiempo y sanación.

Al dejar ir el arquetipo de víctima y traer nuestra energía al presente a través del proceso del Perdón Radical, puede que elevemos nuestra vibración lo suficiente para revertir la enfermad si no inmediatamente, bastante más rápido.

Ejemplo: Una señora que asistió a uno de nuestros retiros había tenido varias cirugías por cáncer en los ovarios, y los médicos le habían dado a lo sumo tres meses de vida. Ella estaba deprimida y tenía muy poca energía vital. Ella dijo que había venido al retiro sólo porque las personas en su iglesia habían reunido el dinero para que viniera, así que se había sentido obligada a hacerlo. Trabajamos con ella, y al tercer día tuvo un maravilloso descubrimiento que la puso en contacto con un evento que había ocurrido cuando tenía dos años y medio de edad y que le había hecho sentir que no valía nada. Ella liberó mucha de la emoción asociada con este asunto y lloró por las incontables veces en que había creado su vida en formas que probaran que era cierto que no valía nada. Después de ello, su energía vital se incrementó. Cuando se fue, estaba decidida a encontrar un programa alternativo que le ayudara a vencer el cáncer y el pronóstico del doctor. Incluso estaba dispuesta a viajar fuera de los Estados Unidos si el método que escogía era ilegal en este país. (Muchos son ilegales en los Estados Unidos). Después de dos semanas de estar buscando frenéticamente el tratamiento al que se sentía más atraída, se percató de que su sanación vendría a través de la oración. Así que se fue a un lugar al norte de Nueva York y trabajó con una pareja que ofrecía semanas de oración. Literalmente oró por una semana. Cuando regresó, fue a ver a su oncólogo, quien la examinó y dijo: "No sé cómo explicar esto, pero no tiene cáncer en su cuerpo. Puede decir que fue una remisión espontánea, pero creo en Dios y no quiero describirlo de ninguna otra forma más que como un milagro".

Esta mujer sirve como un ejemplo maravilloso de cómo elevando la vibración a través de la oración revirtió la condición física en cuestión de días en vez de años. Yo creo que el Perdón Radical hubiera hecho lo mismo.

El Estudio del Perdón en Seattle

En la Universidad de Seattle se llevó a cabo un interesante estudio sobre el perdón y el tiempo, el cual aún no se ha publicado. El estudio involucraba una serie de entrevistas con personas que según su propia evaluación habían sido victimizadas. Los investigadores querían ver cómo cambiaba esa percepción con el tiempo. Los descubrimientos preliminares mostraban que la serenidad, la cual se describía como "ya no tener resentimiento", llegaba NO a través de un acto de perdón, sino como un *descubrimiento* repentino de que habían perdonado. Todos los participantes reportaron que mientras más trataban de perdonar, más difícil se les hacía y más resentimiento sentían. Ellos dejaron de tratar de perdonar y simplemente *dejar ir*. Después de distintos intervalos de tiempo, vino la sorpresiva realización de que ya no albergaban resentimiento y que, de hecho, habían perdonado.

Un descubrimiento posterior, y más interesante aún, reveló que la comprensión de que habían perdonado estuvo precedida de haber sido perdonados ellos mismos. (Quién los perdonó y por qué los perdonaron es irrelevante). Sin embargo, a lo que esto realmente apunta es a que el perdón es un cambio de energía. Al experimentar ser perdonados—una liberación de energía atorada—les fue posible liberar su propia energía atorada con alguien más.

Este estudio no sólo refuerza la reflexión de que el perdón no puede forzarse sino también muestra que el perdón sucede como una transformación interna a través de una combinación de rendir nuestro apego al resentimiento y aceptar el perdón para uno mismo.

Adicionalmente, los resultados de este estudio enfatizan el valor del Paso Nueve en el proceso de Doce Pasos que utilizan exitosamente millones de personas en Alcohólicos Anónimos y otros programas similares. El Paso Nueve pide que busquemos hacer enmiendas con aquellos a quienes hemos hecho daño y les pidamos a esas personas que nos perdonen. Cuando nos damos cuenta que de hecho hemos sido perdonados, esto libera nuestra energía para perdonar no sólo a otros sino también a nosotros mismos.

El Tiempo Sana—Rápida o Lentamente

Algunos pueden aducir que el estudio de Seattle ilustra la lentitud del proceso de perdón y muestra que, en cambio, el perdón ofrece un método inefectivo para curar una enfermedad como el cáncer. En muchos casos, les tomó a las personas décadas descubrir que habían perdonado.

La distinción importante que debemos hacer, sin embargo, es que el estudio no distinguía entre el Perdón Radical y el perdón tradicional. Lo que está descrito fue definitivamente este último. Estoy dispuesto a apostar que, si el grupo en cuestión hubiera estado dividido en dos—un grupo orientado al Perdón Radical y otro que básicamente utilizara el perdón tradicional, el grupo con la reflexión adicional habría alcanzado el estado de serenidad infinitamente más rápido que el otro grupo.

Tampoco estoy diciendo que el Perdón Radical siempre sucede instantáneamente—aunque debo decir ahora que he visto muchas veces cómo pasa instantáneamente. Tampoco se puede decir que es la *cura* definitiva para el cáncer. Sin embargo, ciertamente debería ser una parte integral de cualquier protocolo de tratamiento. Algunas veces las personas retardan el tratamiento médico para ver si el Perdón Radical crea un efecto suficiente para hacer innecesaria una intervención drástica. Eso sería impensable con el perdón tradicional.

La Historia de Mary

Mi amiga Mary Pratt, una co-facilitadora de muchos de mis retiros, negó por meses que algo terriblemente malo sucedía con su salud. Cuando ya no pudo ignorar por más tiempo lo obvio, fue con el médico que le dijo que tenía un estadío tres de cáncer de colon. Querían operarla inmediatamente. Ella les pidió 30 días y ellos accedieron renuentemente. Fue a una pequeña cabaña en las montañas y se quedó allí por una semana, meditando y trabajando en perdonar a todas las personas en su vida, incluyendo a sí misma, utilizando el Perdón Radical. Ayunó, oró, lloró y literalmente pasó por la *noche oscura del alma*. Regresó a casa y trabajó con varios practicantes para limpiar su cuerpo y fortalecer su sistema inmunológico.

Al finalizar el período de los 30 días, se realizó la cirugía. Después, el médico quería saber qué había hecho porque el cáncer había desaparecido y en vez de la cirugía radical que habían dicho que era necesaria, la remoción del cáncer requirió solamente una intervención menor.

Ganando Tiempo

En casos en donde la enfermedad es tan avanzada o agresiva que requiere intervención médica inmediata, la cirugía, la quimioterapia o la radiación hacen que gane tiempo. En ese sentido, tales tratamientos son no solamente de mucha ayuda, sino a veces, necesarios.

Recuerden, no hay cura para el cáncer. Consecuentemente, no importa el tratamiento médico, los doctores tienen una expectativa silenciosa de que la recurrencia es casi una conclusión normal y es sólo una cuestión de tiempo. Yo prefiero ver al tratamiento, asumiendo que el paciente sobrevive, como una manera de ganar tiempo para realizar el trabajo de Perdón Radical, el cual realmente puede prevenir cualquier recurrencia.

142

Medicina Preventiva

El Perdón Radical provee una de las mejores medidas preventivas disponibles. El Perdón Radical limpia la energía en los cuerpos sutiles mucho antes de que se conviertan en bloqueos en el cuerpo físico. Cuando ayudo a las personas a resolver situaciones de perdón utilizando la Terapia de Perdón Radical, como lo hice con mi hermana Jill, creo que no sólo los estoy ayudando a sanar una herida en su cuerpo sutil, estoy ayudándoles a prevenir enfermedades en el cuerpo físico. Estoy convencido de que si mantenemos la energía fluyendo en nuestros cuerpos, tal como estamos destinados a hacerlo, nunca nos enfermaremos. Aunque ya no hago los retiros de cáncer de cinco días, sin embargo considero a los talleres de Perdón Radical que presento en todo el mundo como talleres de prevención de cáncer.

Por supuesto que el ejercicio adecuado, una buena dieta y otras prácticas de sentido común ayudan también en este aspecto. Sin embargo, mantener nuestros cuerpos energéticos libres de basura y toxinas emocionales es de mayor importancia para la buena salud y la sanación. Desafortunadamente, este aspecto de la sanación tiene muy poca atención en los medios de comunicación, independientemente del hecho de que solamente en los Estados Unidos de América una de cada cinco personas toma drogas antidepresivas como el Prozac. Teniendo en cuenta que la depresión siempre precede al cáncer, debemos preguntarnos si es una mera coincidencia que uno de cada cinco estadounidenses también muere de cáncer.

El Perdón y el Cáncer

A menudo se me pregunta por qué trabajo con personas que padecen de cáncer. No he tenido una experiencia personal con él, y sabía muy poco desde el punto de vista médico cuando comencé a ofrecer, a principios de los años noventas, los retiros de cáncer de cinco días para la sanación emocional y espiritual. Fue solamente después de hacer esto por un tiempo que me di cuenta de por qué me sentía atraído por este trabajo. Era porque estaba ligado con mi interés en el perdón. Esta reflexión ocurrió cuando descubrí que a casi todos los pacientes de cáncer, además de tener un hábito de toda la vida de suprimir y reprimir las emociones, se les conoce por no tener la capacidad de perdonar.

Ahora creo que la falta de perdón contribuye a, e incluso puede ser la causa principal de, la mayoría de los cánceres. Por lo tanto, mi trabajo de sanación con pacientes con cáncer, y con aquellos que quieran prevenir que la enfermedad resurja o la recaída en sus cuerpos, ahora se centra casi enteramente en la Terapia de Perdón Radical.

La Historia de Jane

Jane vino a uno de nuestros retiros de cinco días en las montañas al Norte de Georgia. Ella había tenido una mastectomía y esperaba por un transplante de médula ósea. Después del retiro, venía conmigo una vez por semana para la hipnoterapia y el entrenamiento individual. En la segunda visita llegó en un estado angustioso porque en un examen de Imagen de Resonancia Magnética (IRM) habían descubierto pequeños puntos de cáncer en su cerebro. Mientras que este nuevo cáncer de por sí producía suficiente angustia, su aparición también podía arruinar su oportunidad de transplante de médula ósea. Los médicos planeaban darle quimioterapia y tratar de contrarrestar el progreso del cáncer. Sin embargo, estaban sorprendidos de su condición, porque normalmente la metástasis avanza de los senos al hígado y luego al cerebro. En casos muy raros el cáncer avanza directamente de los senos al cerebro. Para mí, esto merecía un poco de investigación.

Jane, una mujer atractiva en sus cuarenta, no había estado involucrada en una relación romántica en casi siete años. Tenía una especie de novio, pero ella describía esa relación como no más que una amistad cercana. De hecho, ella dijo que lo veía como su *amigo*, aunque de vez en cuando tenía sexo con él. Conforme hacía más preguntas con respecto a su situación en esta relación, ella se puso en contacto con un increíble dolor que aún sentía sobre una relación que había terminado hacia unos años. Esta relación de ocho años era extremadamente apasionada e intensa, y Jane claramente adoraba al hombre. Después de estar cuatro años en esta relación, la cual ella creía que pronto iba a consumarse en matrimonio, descubrió que él ya estaba casado y tenía hijos. Él no tenía intención de dejar a su esposa. Jane estaba devastada pero no podía dejar de verlo. Le tomó otros cuatro extremadamente dolorosos años para liberarse a sí misma de esta relación.

Yo tenía claro que Jane, como resultado de esta relación fallida, se había cerrado completamente a sus emociones y no podía permitirse nuevamente involucrarse tan profundamente con un hombre. Tampoco me sorprendía que ella tuviera el corazón roto; la mayoría de mujeres con cáncer de mama han sufrido de una desilusión amorosa a lo largo de su historia. (Los senos son el órgano de la nutrición y están en la proximidad y relacionados con el corazón).

Mientras salía por la puerta al final de nuestra sesión, Jane dijo con un suspiro, "lo puse en el ático".

Paré mi secuencia y le pregunté "¿A qué te refieres?"

145

"Bueno, todo lo que he acumulado a lo largo de los años que tuvo conexión con este hombre, o lo que me lo recordara, lo metí en una caja. Y luego puse la caja en el ático. Aún está allí. No la he tocado desde ese entonces."

Le pedí que se sentara y me lo dijera nuevamente. La hice repetir lo mismo tres veces. De repente, ella vio la conexión entre la caja en el ático, que representaba su relación amorosa rota, y su cáncer de cerebro. "Santo Dios", dijo. "Ese es él en mi cabeza, ¿cierto? Está en mi ático"

Le pedí que se fuera a casa, que subiera al ático y bajara la caja. Le dije que la trajera a la siguiente sesión y que íbamos a examinarlo pieza por pieza. Planificamos que me dijera la historia sobre cada artículo hasta que hubiéramos exorcizado la energía de él y liberado el dolor que ella había reprimido. Jane comprendió que esto podía ser la clave de su sanación y estaba bastante emocionada. Trágicamente, tuvo un ataque al día siguiente y se le tuvo que llevar de regreso al hospital. Murió un mes después, sin haber tocado la caja en el ático. Ver el contenido de la caja y sentir el dolor de su amor perdido pudo haber sido demasiado para ella, y yo siento, en algún nivel, que ella pudo haber decidido abandoanar la vida en vez de enfrentar el dolor.

El Origen de la Enfermedad

Los bloqueos de energía siempre comienzan primero en los cuerpos sutiles. Luego, si no se liberan a ese nivel, se mueve al cuerpo físico y eventualmente se manifiestan como enfermedades tales como el cáncer, esclerosis múltiple, diabetes y similares. Por ello, podemos decir que la enfermedad siempre comienza en los cuerpos sutiles primero y luego se mueve hacia adentro.

Solíamos pensar que la mejor manera de evitar las enfermedades era visitar a un médico para un chequeo regular. Ahora sabemos que es mejor tener una consulta con alguien que pueda leer nuestra aura—lo que significa que puedan sintonizarse con los patrones de energía de nuestros cuerpos sutiles, particularmente el cuerpo etérico. Estas personas pueden ver que los bloqueos se construyen energéticamente mucho antes de que se muestren en el cuerpo físico. Los intuitivos médicos pueden hacer lo mismo.

Ahora existen también sistemas de diagnóstico tecnológico sofisticado que hacen esto, los cuales se conocen como Aparatos de Proyección Electro-Dérmica, y son utilizados por los naturópatas, homeópatas, osteópatas y quiroprácticos. El aparato utiliza los puntos de acupuntura (los cuales se encuentran en el cuerpo etérico) para leer cada sistema de órganos del cuerpo y para registrar las enfermedades a nivel subclínico. Estos están demostrando ser unos aparatos bastante precisos, aunque la mayoría de médicos aún no lo reconocen. Sanar un patrón de enfermedad en el cuerpo sutil es mucho más fácil que esperar a que se condense en un problema físico, pues una vez que esto sucede, se vuelve mucho más resistente al cambio.

Basura Emocional

La física cuántica realmente ha probado que las emociones se condensan como partículas energéticas, las cuales, si no se expresan como emociones, quedan albergadas en los espacios entre los átomos y las moléculas. Esto es literalmente que el filtro se atasque. Una vez que la emoción se han convertido una partícula, se vuelve mucho más difícil de liberar, y allí yace el problema. Toma mucho más tiempo y esfuerzo liberar ese bloqueo del cuerpo físico de lo que tomaría si se hubiera liberado

147

mientras estaba en su forma de energía pura en el cuerpo/ cuerpos sutil—en este caso, el cuerpo emocional.

Sin embargo, es posible cambiar esas partículas antes de que causen daño, y la mejor manera que yo conozco involucra una combinación de Perdón Radical y Respiración Satori *(Ver la Parte 4, Capítulo 27)*. Sin embargo, si se deja que esas partículas se acumulen y se aglutinen en una masa que un día se convertirá en cáncer, el problema se vuelve intratable y, subsecuentemente, amenaza la vida.

Por Qué No Sanamos

Claramente, el tiempo y la sanación están directamente relacionados. Para que nosotros evolucionemos al grado de podernos sanar a nosotros mismos, debemos tener mucha de nuestra conciencia en el presente—no en el pasado, no en el futuro, sino en el *ahora*. Caroline Myss en su serie de programas de audio *Por qué las Personas no Sanan*, sostiene que las personas que usan más del 60 por ciento de su energía vital insistiendo en mantener el pasado son incapaces de sanarse a sí mismas energéticamente. Por ello, permanecen totalmente dependientes de la medicina química para su sanación.

Ella aduce que si toma un 60 ó 70 por ciento de la fuerza vital promedio de una persona manejar las experiencias negativas de su niñez, adolescencia y los años tempranos de su adultez, así como también aferrarse a las pérdidas, decepciones y resentimientos del pasado y otro 10 por ciento en preocuparse, planificar y tratando de controlar el futuro, eso les deja muy poco energía preciada para vivir en el presente—o para su sanación. (Es importante notar que mantener recuerdos positivos o incluso eventos negativos si estos se han procesado y perdonado, no drena nuestra energía).

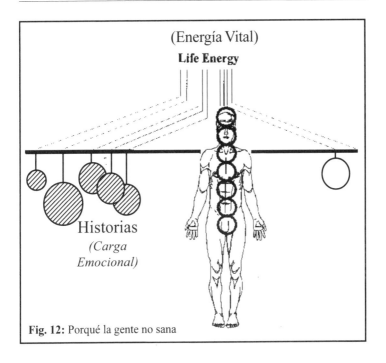

(Energía Vital)

Life Energy

Historias
(Carga Emocional)

Fig. 12: Porqué la gente no sana

La vida tiene su propia manera de traernos—y a nuestra energía—al presente. A menudo es a través de un trauma. Cuando nos encontramos a nosotros mismos en medio del desastre, tenemos un accidente inesperado o descubrimos que nuestras vidas de repente están en peligro, nos enfocamos en el presente. Traemos toda nuestra conciencia al presente instintivamente. De repente, el pasado no importa. El futuro no importa. Sólo existe el momento que estamos viviendo. El poder de esa energía enfocada en el momento presente se demuestra cuando una madre, viendo a su hijo atrapado debajo del auto, de repente puede levantarlo del piso para que su hijo pueda ser rescatado. Actos increíbles de valentía y coraje también suceden cuando la energía se enfoca en el momento, porque el miedo solamente ocurre cuando traemos el pasado

149

al futuro. Cuando estamos realmente en el momento presente, estamos absolutamente sin miedo, ya que no tenemos conciencia del pasado o el futuro.

El Perdón Radical nos ayuda a estar en el presente, porque no *perdonamos radicalmente* regresando al pasado. Simplemente perdonamos a la persona que es un reflejo de nuestra proyección allí en el presente. Esta es la belleza del Perdón Radical. Es cierto que algunas veces las conexiones pasadas se vuelven tan claras, como en el caso de Jill, que nos iluminan en nuestra situación actual. Sin embargo, el enfoque radica en la perfección de lo que está pasando *ahora mismo*.

Podemos ya sea escoger liberarnos del arquetipo de víctima y traer nuestra energía al presente a través del Perdón Radical o esperar que un trauma significativo nos fuerce al ahora. En otras palabras, podemos ya sea transformar nuestra conciencia como una cuestión voluntaria o podemos esperar a que el desastre o una enfermedad que ponga en peligro nuestras vidas nos obligue a hacerlo.

14: Como es Arriba, es Abajo

La humanidad como un todo puede enfrentarse pronto con la misma elección confrontándonos unos a los otros como individuos. Como se señaló en los capítulos anteriores, la elección es sanar por elección o por trauma.

Sanar por Elección o por Trauma

Muchos visionarios dicen que todas las señales apuntan a que la humanidad recibirá una demostración masiva del *principio de sanar por elección o por trauma* en un futuro no muy lejano. La tierra tiene cáncer y ese cáncer es la raza humana. Este planeta conciente, que vive y respira, ha estado en un estado de perfecto equilibrio toda su vida con cada parte haciendo lo que debe para mantener el sistema en equilibrio. Esto es análogo al trabajo que hacen las células saludables en el cuerpo humano.

Por miles de años hemos sido parte de ese sistema equilibrado. En los últimos cientos de años, sin embargo, nos hemos impuesto sobre el orden natural y hemos llegado a creer que podemos controlar y dominar el sistema entero. Tal y como las células cancerosas se multiplican fuera de control, proliferan en metástasis a través de todo el sistema y comienzan a devorar a su anfitrión, de la misma manera continuamos multiplicándonos espontáneamente fuera de control por todo el planeta y saqueamos sus recursos naturales como si nada importara más allá de la satisfacción de nuestra ambición.

Como un tumor envolviéndose a sí mismo alrededor del corazón o bloqueando un pulmón, de la misma manera nosotros, en el mismo tipo de abrazo mortal con nuestra propia fuente de vida, arrasamos con los bosques, contaminamos el mismo aire que respiramos y envenenamos el ambiente. Los científicos nos dicen que estamos cerca de destruir la vida tal y como la conocemos en 40 o 50 años si no hacemos cambios dramáticos.

La más grande necesidad, sin embargo, es la de un cambio de conciencia. Colectivamente, debemos cambiar la conciencia masiva o enfrentarnos a un trauma sin precedentes a tal nivel que todas las estructuras existentes que mantienen nuestro actual estilo de vida serán destruidas.

Cambios en la Tierra y Agitación Política

Desde los primeros tiempos hasta ahora, se han predicho cambios masivos y desastrosos en la tierra en los años tempranos del nuevo milenio. Estas predicciones incluyen dos cambios en los polos, intensos terremotos, patrones climáticos alterados dramáticamente, erupciones volcánicas, así como un significativo aumento en los niveles de los océanos a medida que se derriten las masas polares. Tales eventos podrían dar como resultado un cambio radical en el mapa del mundo; mucha de la tierra que vemos ahora desaparecería bajo el agua, a la vez que aparecerían nuevos continentes. El caos resultante sería inimaginable y millones de personas morirían. Habría levantamientos políticos, guerras religiosas, y daños ambientales a una escala masiva.

Tales predicciones fueron hechas más notablemente por el famoso vidente del siglo dieciséis, Nostradamus, y en este siglo por Edgar Cayce, el "profeta durmiente", quien hizo predicciones muy precisas en los años 40's. También aparecen en muchos escritos religiosos, incluyendo El Apocalipsis de la Biblia, y en los textos tradicionales de los Mayas, los Indios Hopi, y muchos otros pueblos indígenas.

Está muy claro para muchos que estos cambios terrestres ya han empezado. Conforme los efectos del calentamiento global están resultando imposibles de ignorar, la comunidad científica está haciendo sus propias predicciones en base a los eventos del mundo, tales como el aumento en inundaciones, sequías, huracanes, tornados y erupciones volcánicas, los cuales tienen un gran parecido con las predicciones de Cayce y otros. Recientemente, el mundo se ha vuelto mucho más inestable políticamente y algunas de las cosas que están pasando nos hacen sentir incómodos al recordarnos las predicciones que se han hecho.

La Conciencia Cuenta

Los científicos no hablan mucho sobre los efectos de la conciencia sobre la tierra, prefiriendo, en vez de ello, enfocarse hacia qué acción debemos tomar para prevenir la ruina inminente. Sin embargo, las predicciones más orientadas a la espiritualidad siempre han llevado consigo la advertencia de que la severidad de los cambios de la tierra y el cataclismo político puede ser mitigada en la medida en que nosotros los seres humanos recuperemos nuestra cordura y cambiemos nuestra conciencia. En otras palabras, a pesar de que nuestra conciencia basada en el miedo y la ambición ha lastimado al cuerpo etérico del planeta a tal grado que una violenta erupción en su cuerpo físico es inevitable, aún podemos disminuir el

153

efecto elevando nuestra conciencia. Así como hemos aprendido que un patrón de enfermedad en el cuerpo etérico de un ser humano puede sanarse a través de medios no físicos (como la oración, el Reiki, la imaginación, la sanación usando las manos, el Perdón Radical, etc.) de la misma manera el patrón del cataclismo y cambio violento que ya se encuentra establecido en el cuerpo etérico de la tierra puede similarmente ser disipado antes de que se manifieste en su cuerpo físico. Así, la respuesta parecer ser, sorprendentemente, la oración.

El Poder de la Oración

En los últimos años, la ciencia ha estado poniéndole atención a la oración y hay un creciente consenso en la comunidad respecto a que realmente funciona. Nosotros realmente creamos nuestra realidad a través de nuestras oraciones. No la clase de oraciones que, me doy prisa en añadir, consisten en peticiones o demandas de que Dios nos dé esto o aquello, o que haga que esto suceda en vez de aquello, o en alguna otra forma le diga a Dios qué hacer.

No, la esencia de la oración creativa no es una cuestión de palabras o pensamientos. Es de verdad *sentir*. La oración manifestará lo que desean sólo cuando tienen la capacidad de adentrarse completamente en el sentimiento de tenerlo, sabiendo que ya está hecho o que ustedes ya han sido bendecidos con ello. Un sentimiento de profunda gratitud es tal vez lo que más se asemeja a describirlo. Pero aún esto está vinculado a un resultado específico y probablemente no elevará la conciencia lo suficientemente para cambiar la energía al grado que se requiere.

La forma más pura de orar en la que podemos participar es sentir paz; el tipo de paz que viene cuando nos rendimos totalmente a que lo que es, es—en el conocimiento y consuelo de que el Espíritu lo tiene todo resuelto y que todo saldrá mejor si nos quitamos de en medio.

Es sólo cuando estamos completamente rendidos a la situación que se nos presenta, que la energía se abrirá para que sucedan los cambios—y cuáles serán, ¡solo el cielo lo sabe!. No oren *por* la paz. Oren para *sentir* la paz. Esa es la oración más creativa que pueden hacer. La paz es el poder más fuerte sobre la tierra y ciertamente es necesaria en estos tiempos. Cuando podamos sentir paz en nuestros corazones, conoceremos el Amor y nuestro mundo lo reflejará.

Esto significa que tenemos una elección. Cada individuo puede elegir quedarse en el sentimiento de miedo, carencia, desconfianza, ambición y culpa o escoger dejar ir todo eso y sentirse en paz. Es tan simple como eso. La Paz/Amor es el único antídoto para la conciencia basada en el miedo en el que ahora vivimos y en el cual participamos diariamente. Así que simplemente escojan. Tenemos la tecnología. Utilicen el Perdón Radical diariamente para hacer que esa elección sea real ¡y vean lo que sucede!

Crisis de Sanación

Lo que podemos estar viendo en este momento es que la tierra y toda la humanidad están pasando por una crisis de sanación— y puede que se ponga peor antes de mejorar. (Una crisis de sanación ocurre cuando un organismo pasa a través de lo que pareciera ser un empeoramiento dramático de su condición, tal como la fiebre o una erupción de forúnculos, antes de que empiece a mejorar nuevamente. Esta condición de empeoramiento sirve como un proceso de limpieza y desintoxicación).

Todo en Orden Divino

No importa cuán drásticas se pongan las cosas, debemos creer que hay perfección y propósito divino aún en este tipo de situaciones. Después de todo, ¿quién pudo haber imaginado una manera más dramática que esta para que el Espíritu nos reflejara amorosamente nuestra propia lujuria por el control y nuestra ambición? ¿O que reflejara nuestra necesidad de crear separación entre la gente? No podemos evolucionar espiritualmente mientras nos aferramos a estas energías, y si se necesitan cambios en la tierra para que las sanemos, pues así sea. El planeta será sanado en el proceso. También nosotros.

Enfóquense en la Perfección

Para poner toda está discusión en perspectiva, debemos mantener en mente que, ya que el mundo físico es realmente una ilusión, lo que experimentamos como cambios en la tierra también serán una ilusión. Esto explica por qué un cambio en la conciencia humana puede cambiar la situación inmediatamente. El cómo experimentamos los cambios en la tierra depende de nuestra percepción de lo que está pasando. Si lo vemos como una purificación de la conciencia y una crisis de sanación esto dará como resultado una transformación espiritual, nuestra experiencia de ello estará en contraste con lo que sentiríamos si adoptamos la postura de víctimas y pensamos que todo es real, como algo que hay que temer y que es un castigo por nuestra estupidez. Usar la perspectiva del Perdón Radical nos permitirá mantenernos enfocados en la perfección de lo que está sucediendo en el momento, y nos llevará a través de la dicha y la paz que existen al otro lado de la experiencia.

El Regalo

El dicho *Así como es arriba, es abajo* tiene significado también, en términos de cómo respondemos tanto al cáncer en nuestros cuerpos como al cáncer del planeta. Declararle la *guerra* al cáncer con drogas tóxicas y otros tratamientos violentos nunca sanará el cáncer. Las soluciones violentas, de alta tecnología, motivadas políticamente para resolver los problemas de la tierra, tampoco funcionarán. Lo único que funcionará, en ambos casos, es *el Amor*. Cuando realmente entendamos esto, habremos comprendido el don tanto de los cambios en la tierra como del cáncer.

No hay lección más crucial que esta. Las personas con cáncer son almas valientes que han venido al plano físico con la misión de demostrar la futilidad de proyectar enojo y guerra al cuerpo y a nosotros mismos. Su misión es ayudarnos a entender que la única respuesta a cualquier situación es el *Amor.* Nuestro regalo a cambio es escuchar su mensaje amoroso.

Visiones de Dicha, Armonía y Paz

Ya sea que aumentemos o no nuestra vibración lo suficiente para prevenir el trauma y entrar voluntariamente a una resonancia amorosa con toda la vida, el resultado final será eventualmente el mismo. Todas las predicciones sobre cambios en la tierra hablan de un descubrimiento en la conciencia que sucederá en el despertar de la tierra limpiándose a sí misma y equilibrando el karma que hemos creado. Un tema común en todas las predicciones es una visión de la vida después de los cambios de la tierra como maravillosamente armoniosa, pacífica e idílica en contraste con la manera en que es ahora. Al igual que en todas las oportunidades de sanación, podemos sanar el dolor de nuestra alma ante el primer signo de dolor reprimido,

157

o podemos esperar hasta que suceda un desastre para despertarnos. Independientemente de cómo sucedan los cambios de la tierra, y de cuál sea el grado de destrucción como resultado del karma planetario, tales cambios constituirán la crisis de sanación final para el planeta y para todos nosotros. Esto ciertamente estará de acuerdo con el orden Divino.

Elevar nuestra vibración lo suficiente para cambiar las predicciones debe incluir vivir nuestras vidas basados en el amor y la aceptación bondadosa de nosotros mismos y de los demás, perdonándonos a nosotros mismos por abusar del planeta y uniéndonos en oración por la paz con tantas personas como sea posible en todo el mundo involucradas y abrazando el Perdón Radical como nada menos que una forma de vida permanente.

Posdata: *Si este tema le ha interesado y realmente quiere involucrarse en crear este cambio en el paradigma, usando la tecnología del Perdón Radical junto con otros miles de personas, entonces le sugiero que visite mi página Web y haga clic en "America's Healing" (La Sanación de América). Sanar el alma de América puede ser el primer paso para despertar a la humanidad.*

C.T., Julio de 2003

PARTE TRES

Ampliación de las Suposiciones

15: Artículos de Fe

Las suposiciones que mencionamos en el Capítulo Dos fueron explicadas brevemente con el fin de ayudarles a entender la teoría del Perdón Radical. Ahora quisiera discutir en mayor detalle cualquier suposición que fundamenta el Perdón Radical que hasta ahora no se ha discutido a profundidad. Espero que esto les ayude a sentirse cómodos con ellas, aun si no puedan aceptarlas por completo.

Recuerden, todas las teorías están basadas en suposiciones, pero no todas las suposiciones están probadas con evidencia de su validez. Esto es especialmente cierto cuando se trata de teorías y suposiciones pertenecientes a la naturaleza de la realidad y a asuntos espirituales.

Interesantemente, la ciencia y el misticismo han llegado a un nivel de consenso sobre la naturaleza de la realidad y otras cuestiones espirituales que hasta ahora parecían encontrarse más allá del alcance de la ciencia. Por siglos, los místicos hindúes han dicho poseer un *conocimiento directo* de estas verdades universales, a las cuales dicen que llegaron como resultado de 40 años de meditación en las cuevas de los Himalayas. Al utilizar métodos científicos rigurosos y construcciones teóricas, los científicos recientemente llegaron a las mismas verdades—o, podríamos decir, hicieron suposiciones similares. Ahora podemos decir que la física cuántica realmente demuestra la verdad de lo que los místicos han sabido por siglos. Qué emocionante es ver la unión de

161

estas dos maneras distintas de enfocar y llegar a la verdad. ¡La ciencia y la espiritualidad finalmente se han unido y los científicos se convierten en los místicos de hoy día!

Aún así, a pesar del progreso que hemos hecho, con toda humildad debemos tener en mente que estas suposiciones, por su propia naturaleza, no representan *toda la verdad*. El gran misterio de cómo funciona el universo y el más alto propósito de la vida humana aún parece encontrarse más allá de la mera comprensión mortal, y pareciera ser que estas suposiciones que hacemos son meras aproximaciones de lo que puede ser la verdad. En base a esto, por lo tanto, las siguientes suposiciones se nos dan como el fundamento del Perdón Radical.

Suposición: Contrario a lo que la mayoría de las religiones occidentales pensaban, no somos seres humanos teniendo una experiencia espiritual ocasional. Más bien, somos seres espirituales teniendo una experiencia humana.

Esto no es un simple juego de palabras. Representa un cambio fundamental en lo que pensamos respecto a quiénes somos y nuestra relación con Dios. En vez de pensar en nosotros mismos como caídos y separados de Dios, nos sugiere que aún estamos muy conectados al Todo y que la vida en el cuerpo físico es sólo un interludio temporal tomado con el propósito de aprender y de equilibrar la energía. También sugiere que Dios vive dentro de cada uno de nosotros en vez de *allá arriba*, resaltando nuestra naturaleza dual *hombre/espíritu*. Ernst Becker, ganador del Premio Purlitzer, explicó esto de una manera vívida diciendo, "El hombre es un Dios que defeca." *("La negación de la muerte" MacMillan Free Press 1973)*

Existe un poder fenomenal en la idea que de que somos seres espirituales teniendo una experiencia humana. Representa una amenaza directa al Ego, el cual consiste en un conjunto de creencias que nos convencen de que estamos separados de Dios y estamos sujetos a su ira por cometer ese pecado original de la separación. Si nosotros, de verdad, no estamos separados sino totalmente conectados, el Ego deja de existir.

Suposición: Tenemos cuerpos físicos que mueren, pero somos inmortales.

Durante siglos, los filósofos han debatido la constitución del "alma". Esta discusión data desde antes de Platón y Sócrates, ambos de los cuales tenían mucho que decir sobre el alma pero permanecieron en desacuerdo sobre el asunto. Hoy, el debate continúa con poco consenso sobre lo que constituye el alma.

Para el propósito de esta discusión, sin embargo, el alma se define como esa parte nuestra que es conciencia pura conectada al gran océano de conciencia que forma el Todo. Por ello, para efecto de nuestra encarnación, el alma toma una característica individual que puede parecerse a una sola gota del mismo océano o un poquito de *Sustancia de Dios*. Como somos parte del océano del Todo, siempre hemos decidido como alma. El alma no tiene principio ni fin, existe afuera tanto del tiempo como del espacio, y es inmortal. Durante nuestra encarnación, el alma nos mantiene conectados al Mundo de la Verdad Divina y el Todo es responsable de nuestra evolución espiritual.

Una vez que el alma encarna, se vuelve apegada tanto al cuerpo como a la personalidad, que juntos representan una *persona* o identidad. Esto lo creamos nosotros mismos basados en nuestro auto-concepto, el cual presentamos al mundo ampliamente. Por ello, nuestra alma se vuelve sujeto del estrés de la existencia humana y puede enfermarse. Muchas de las enfermedades de hoy, como el cáncer, comienzan como una enfermedad profunda del alma. Los chamanes hablan de que el alma se fractura y se divide; algunas de esas partes realmente se dejan atrás y se quedan perdidas en eventos pasados, especialmente en los traumas. Mucho del trabajo de sanación de los chamanes gira alrededor de la idea de recuperar el alma.

El que un alma encarne sólo una vez o lo haga una y otra vez, ha sido una cuestión de contienda en todas las épocas, y muchas iglesias y religiones no consideran esta idea aún hoy. Aún así, las religiones orientales siempre han incluido la reencarnación dentro de sus creencias espirituales. Yo no tomo la reencarnación como central en el Perdón Radical y no tiene consecuencia si uno cree en ella o no. No tiene efecto en la eficacia del perdón Radical y es simplemente una cuestión de elección personal. *Si la idea de la reencarnación le ofende, pase por alto el siguiente par de páginas.*

En lo que a mí respecta, me es indiferente, aunque hay evidencia para apoyar la idea, especialmente a través de la gran cantidad de escritos sobre experiencias cercanas a la muerte.

Estos relatos son tan similares en su contenido y calidad que casi no se pueden refutar. Miles de personas han reportado experiencias similares y exhiben el mismo tipo de certeza con respecto a que lo que vieron era real. Los efectos de las experiencias cercanas a la muerte en sus vidas también son más o menos idénticos .

Considerando esta misma fuente de información, pareciera que no sólo nuestras almas encarnan numerosas veces, sino que no vienen solas a esta experiencia de vida física. Las investigaciones sobre las vidas pasadas sugieren que nuestras almas continúan viniendo una y otra vez con otras de nuestro grupo de almas, a fin de resolver desequilibrios *kármicos*.

Durante nuestra jornada hacia la plenitud, creamos desequilibrios de energía que deben ser restaurados. A estos desequilibrios nos referimos como nuestro karma. Por ejemplo, si nos aprovechamos de las personas y las engañamos, en algún momento debemos tener la experiencia de ser engañados para equilibrar la energía. Esto no es un ejercicio moral; no tiene nada que ver con lo que es correcto o incorrecto. Como ya hemos discutido, el Universo es neutral. Esto sucede simplemente como un equilibrio de energía y está dictado por la Ley de Causa y Efecto, la cual afirma que por cada acción debe haber una reacción igual. *(Ver el Capítulo 9)*.

Las personas con quienes jugamos y los juegos que jugamos con ellas tratan de equilibrar la energía de esta manera. Nuestra alma sana y se vuelve plena nuevamente cada vez que equilibramos las energías kármicas. Por ello, cada encarnación contribuye a la sanación del alma.

Incidentalmente, ya que el tiempo no existe en el Mundo de la Verdad Divina, todas nuestras encarnaciones ocurren simultáneamente. Mientras sanamos en una vida, sanamos todas las otras encarnaciones también. El uso del Perdón Radical en una vida, por lo tanto, provee un valor increíble al alma, porque sana todas las demás encarnaciones al mismo tiempo que sana la presente. Imaginen el karma colectivo que fue equilibrado por Nelson Mandela, perdonando toda una generación de blancos en Sudáfrica por la forma en que habían tratado a los negros. Asimismo, imaginen el karma colectivo que aún debemos equilibrar en los Estados Unidos por el trato que se les dio a los esclavos y a los Indios Nativos Americanos.

Nuestra alma siempre nos mueve en dirección a la sanación y continúa creando situaciones que nos brindan una oportunidad de equilibrar la energía kármica. Sin embargo, si esta sanación no se logra en el nivel de la Verdad Divina, tendemos a recrear el desequilibrio a través del ciclo de resentimiento y venganza, y el mantener la conciencia de víctimas. Esto mantiene girando a la rueda del karma. El Perdón Radical provee una de las mejores maneras de evitar que la rueda siga girando, ya que rompe el ciclo.

Habiendo dicho eso, si tienen un problema con el concepto de reencarnación, simplemente ignórenla. No hace diferencia alguna.

Suposición: Mientras nuestros cuerpos y nuestros sentidos nos dicen que somos individuos separados, en verdad todos somos uno. Todos vibramos individualmente como parte de un todo.

No somos nuestros cuerpos. No somos nuestros Egos. No somos nuestras personalidades ni los papeles que desempeñamos cada día. Creer que somos estas cosas sirve para reforzar nuestra creencia en la separación. El mantener esta creencia hace imposible que recordemos quiénes somos—almas individuales creadas como parte de Dios y existiendo en unión con Dios.

Suposición: Cuando nuestras almas eran una con Dios, experimentamos con el pensamiento que la separación era posible. Nos quedamos atrapados en ese pensamiento que se convirtió en la ilusión o sueño en el que vivimos ahora. Es un sueño porque la separación no sucedió realmente. Nosotros sólo pensamos que sucedió—y ese pensamiento dio origen al sistema de creencias que llamamos Ego.

Una vez estuvimos completamente envueltos en el Todo—Dios. No teníamos forma, éramos inmutables, inmortales, y sólo conocíamos el amor. Luego, tuvimos un pensamiento. ¿Qué tal sería, nos preguntamos, si descendiéramos a la realidad física y experimentáramos las energías opuestas—tales como la forma, el cambio, la separación, el miedo, la muerte, la limitación y la dualidad? Jugamos con la idea por un tiempo, pensando que podíamos retirarnos del experimento siempre que deseáramos hacerlo, si decidiéramos convertir el pensamiento en acción. No vimos ningún peligro. Por ello, tomamos la decisión, y bajamos nuestra vibración energética para condensar nuestra energía en la forma física. En el proceso, olvidamos nuestra conexión con Dios e imaginamos que realmente nos habíamos separado de Dios y que ya no podíamos regresar al Todo.

Este sueño se hizo bastante real para nosotros y entonces nos sentimos extremadamente culpables por cometer este pecado *(original)* de separarnos de Dios. Nos volvimos temerosos de que Dios iba a descargar su ira sobre nosotros por haberlo hecho. Esta poderosa creencia en el pecado, culpa y miedo se convirtió en el Ego, y se volvió una fuerza tan poderosa en nuestras vidas que creó en nuestras mentes un mundo dominado por el miedo. Nuestro mundo es todavía un mundo en donde el miedo, en vez del amor, es la fuerza motriz.

Aunque tendemos a personificarlo, el Ego no es una entidad en sí y por sí mismo. Tampoco representa nuestra personalidad. El Ego representa un conjunto de creencias profundamente arraigadas que nos mantiene totalmente convencidos de nuestra separación de Dios. El poder extremo ejercido por estas creencias subconscientes a través de las dinámicas de culpa, miedo, represión y proyección, crea la apariencia de que el Ego *vive* en nosotros. El Ego nos mantiene atrapados en el Mundo de la Humanidad y dormidos (inconcientes), soñando que estamos separados de Dios.

Suposición: Cuando decidimos experimentar con una encarnación física, Dios nos otorgó un libre albedrío total para vivir el experimento de la manera que escogiéramos y para encontrar por nosotros mismos el camino de regreso a casa.

El libre albedrío es honrado en el más alto nivel. Contrario a lo que el Ego nos ha hecho creer, Dios no está enojado con nosotros por jugar con la idea de la separación. Dios nos da todo lo que queremos, todo lo que escogemos y no nos juzga por ello. Cuando le pedimos ayuda a través de la oración y el Perdón Radical, siempre responde a nuestro llamado.

Suposición: La vida no es casual. Tiene propósito y contempla el desarrollo de un plan Divino que nos proporciona oportunidades para escoger y tomar decisiones en todo momento.

Visto desde el Mundo de la Humanidad, pudiera parecer que llegamos a este planeta por un accidente biológico. Nuestro único significado yace en el hecho de que nuestros padres hicieron el amor y comenzaron una cadena de eventos biológicos llamados gestación y nacimiento.

También puede parecer que la única manera de dominar la experiencia de vida yace en aprender mucho sobre cómo funciona el mundo y en desarrollar habilidades que nos permitirán controlar lo más que sea posible, las circunstancias casuales de nuestras vidas. Mientras más dominio logremos sobre las circunstancias físicas de nuestras vidas, aparentemente nuestras vidas se volverán mejores.

Visto desde el Mundo de la Verdad Divina, la verdad es lo opuesto. Desde esta perspectiva, nuestra llegada al planeta representa una elección deliberada, planificada y consciente. El plan incluye la selección de las personas que servirán de nuestros padres.

También, los aparentes eventos casuales en nuestras vidas están atribuidos al desarrollo de un plan Divino, decidido previamente y con un propósito en términos de nuestro crecimiento espiritual. Mientras más nos rindamos a este desarrollo sin tratar de controlarlo, más pacíficos nos volveremos.

A primera vista, esto parece ser un punto de vista fatalista. Sin embargo, no es sólo el destino. En verdad, el plan Divino permite mucha creatividad y flexibilidad y continúa honrando el principio del libre albedrío. Nosotros continuamos creando conjuntamente con el Espíritu las circunstancias de nuestras vidas y, sin excepción, obtenemos precisamente lo que queremos. Cuánto resistimos (juzgamos) lo que obtenemos, determina si experimentamos la vida como dolorosa o gozosa.

El dominar la experiencia de la vida, entonces, consiste en que entremos a la vida plenamente y tengamos la confianza de que estamos siendo cuidados totalmente y que somos apoyados todo el tiempo, pase lo que pase. El Perdón Radical nos lleva en esa dirección.

Suposición: La realidad física es una ilusión creada por nuestros cinco sentidos. La materia consiste en campos energéticos interrelacionados que vibran a distintas frecuencias.

A la mayoría de las personas les cuesta vislumbrar la idea de que nuestra realidad física es una ilusión creada por nuestros sentidos. Ken Carey confirma la dificultad que tenemos al vislumbrar este concepto. En su libro, el cual fue un trabajo canalizado, las almas *que hablaban a través de él* hicieron una observación interesante *(Transmisiones estelares Uni Sun 1982)*. Dijeron que cuando se introdujeron al cuerpo de Carey y experimentaron todos sus sentidos simplemente se sintieron maravillados. Fue entonces que entendieron por qué los seres humanos sentían que el mundo era real. Nuestros sentidos hacen que la ilusión sea tan convincente que hasta estos seres descarnados apreciaron por qué nos sería tan difícil traspasarlo.

De hecho, resulta difícil recordar que el mundo físico es simplemente una ilusión. Sin embargo, estamos empezando a movernos en una dirección que promueve ese recuerdo. Recientemente, los científicos han comenzado a hablar del cuerpo humano en términos de **continuidad de mente/cuerpo**. Dicha terminología nos da el sentido de que nuestros cuerpos son, de hecho, algo más que células, moléculas y átomos. La ciencia energética nos dice que, en realidad, nuestros cuerpos son *condensaciones densas de campos energéticos interrelacionados* y que, como un holograma, toda la materia consiste en energía que vibra en ciertos patrones. Los hologramas son aquellas imágenes tridimensionales, creadas por rayos láser, que parecen ser reales.. Los físicos cuánticos han teorizado que todo el universo es un holograma y que todo en él, incluyendo a cada uno de nosotros, también es un holograma.

Algunos campos energéticos vibran a frecuencias tales que es posible observarlos y medirlos. Puede dárseles cualidades físicas como peso, volumen, dureza y fluidez. Nosotros llamamos a esos patrones de energía madera, hierro, cuero o whisky. Todo lo físico simplemente representa energía que podemos *detectar* con nuestros cinco sentidos.

Aún así, este concepto nos parece extraño. Hemos desarrollado tal fe en nuestros cinco sentidos para detectar el mundo físico que nos rodea, que tenemos dificultad en imaginar que nuestros cuerpos consisten en algo más de lo que podemos ver y sentir. Aún así, en un sentido bastante real, el mundo físico es una ilusión *creada* por nuestros sentidos.

Consideren por un momento una de las vigas metálicas que sostienen un edificio. Se ve lo suficientemente sólida y nuestros sentidos del tacto y de la vista nos dicen que es sólida, así como también fuerte y pesada. Sin embargo, también sabemos que esta estructura está compuesta enteramente de átomos y, más aún, que cada átomo está compuesto de un núcleo, protones y neutrones sobre los cuales giran, a una velocidad rápida, uno o más electrones.

Para tener una idea de la relación de espacio entre los núcleos y los electrones, imaginen una canasta en medio de un estadio de fútbol. Ahora imaginen un objeto del tamaño de una pelota de golf orbitando alrededor de la canasta a varios miles de millas por hora y describiendo un círculo con un diámetro tan grande como el estadio. Esto nos da una imagen burda de la diferencia en tamaño entre el electrón y el núcleo y el inmenso espacio entre ellos.

De aquí podemos decir que un átomo está compuesto de algo así como 99.99% de espacio. Por ello, la viga mencionada anteriormente es 99.99% de espacio. *Ustedes* también son 99.99% de espacio.

La viga se ve tan densa por la misma razón que un ventilador eléctrico cuando está funcionado se ve sólido. Cuando dicho ventilador no está rotando, ustedes pueden ver los espacios entre las aspas, y pueden poner su mano a través de esos espacios. Cuando las aspas giran rápidamente, ya no pueden ver esos espacios. Además, si tratan de poner su mano entre las aspas, se siente como una pared impenetrable. Al igual que las aspas de un ventilar, cada pedazo de material físico está contenido en una masa de electrones girando tan rápidamente que aparenta solidez a nuestros sentidos.

Si los electrones en la viga que sostiene el edificio dejaran de girar, la estructura desaparecería en un instante. Si todos los otros electrones alrededor también dejaran de girar, podríamos imaginarnos cómo desaparecería todo el edificio. No quedarían escombros, ni polvo; nada. A un observador le parecería que el edificio simplemente se evaporó o desapareció.

La materia es una simple vibración—nada más, nada menos. Nuestros sentidos están en sintonía con estas vibraciones y nuestras mentes las convierten en materia. Suena extraño, pero es verdad.

Suposición: Tenemos cuerpos sutiles al igual que también cuerpos físicos. El cuerpo físico vibra a la frecuencia de la materia (el Mundo de la Humanidad), mientras que el más elevado de los cinco cuerpos sutiles vibra más cerca de la frecuencia del Alma (el Mundo de la Verdad Divina).

Aparte de la carne y los huesos de nuestros cuerpos físicos, consistimos en otros patrones de energía que no podemos ver o medir. Estos se denominan *cuerpos sutiles* o *campos sutiles*.

Ellos vibran a frecuencias una octava o dos más altas que aquellos cuerpos condensados como materia y se encuentran más allá del rango de nuestros sentidos y de la mayoría de los instrumentos de detección. Estos son:

El Cuerpo Etérico

El cuerpo etérico lleva el patrón energético del cuerpo. Asegura la continuidad de los patrones, armonías y desarmonías dentro del cuerpo, mientras el cuerpo se renueva a sí mismo constantemente. Nuestros cuerpos no son los mismos que hace un año, pues no existe ni una célula en nuestro cuerpo que tenga más de un año.

El cuerpo etérico interactúa con un código genético y mantiene la memoria de quiénes somos, la forma de la nariz, nuestra estatura, qué prejuicios tenemos, qué nos gusta comer, nuestras fortalezas, nuestras debilidades, nuestros patrones de enfermedad, etc.

El Cuerpo Emocional

El cuerpo emocional vibra una octava más alto que el campo etérico. También es conocido como cuerpo astral y llena el campo etérico y los campos bioenergéticos del cuerpo físico, y se manifiesta en el cuerpo como sentimientos.

Una emoción constituye un pensamiento apegado a un sentimiento que usualmente da como resultado una respuesta o acción física. Cuando la energía fluye libremente del campo emocional a través del campo etérico y el cuerpo físico, todo funciona en conjunto maravillosamente bien.

Cuando restringimos nuestra energía emocional a través de la supresión o represión, creamos bloqueos de energía tanto en nuestro campo etérico como en el emocional, así como también en el cuerpo físico.

El cambio de percepción que se requiere para el perdón no puede ocurrir mientras el enojo y el resentimiento se mantengan en el cuerpo emocional. Cualquier energía atascada en el cuerpo emocional debe limpiarse primero.

El Cuerpo Mental

Este campo gobierna nuestro funcionamiento intelectual y es responsable de la memoria, pensamiento racional, pensamiento concreto, etc. Por supuesto que hay científicos que aún mantienen que el pensar y otros procesos mentales pueden explicarse en términos de bioquímica cerebral. Es suficiente decir que los científicos que siguen la lógica de la física cuántica creen que la mente va más allá del cerebro, más allá incluso que el cuerpo. Ellos creen que el cerebro y la mente interactúan *holográficamente* y que cada célula contiene una huella del todo. Muchos investigadores creen que la memoria reside en forma holográfica en un campo energético que existe más allá del cuerpo.

Prueba de esto es el caso de la cirugía de reemplazo de órganos. Una historia famosa es la de una persona que recibió un transplante de hígado. Unos meses después de la operación empezó a tener un sueño recurrente que no tenía sentido para él. Después de un poco de investigación, descubrió que la persona que le había donado el hígado había tenido el mismo sueño por muchos años. El recuerdo de ese sueño se encontraba aparentemente inherente en la estructura del hígado.

El Cuerpo Causal o Campo Intuicional

Una octava más arriba yace el cuerpo que podemos llamar nuestra alma, nuestro Ser Superior o nuestra conexión con el Mundo de la Verdad Divina. También llamado cuerpo causal, provee nuestro puente hacia el reino espiritual. Mientras que el campo mental tiene que ver con ideas y formas de pensamiento en el nivel concreto, este campo tiene que ver con ellas en el nivel conceptual, abstracto, icónico y simbólico. Tiene que ver con la esencia, intuición y *conocimiento directo*. El cuerpo causal se extiende más allá del individuo y penetra la *mente colectiva*—o lo que Jung llamó *el inconsciente colectivo*, una sola mente a la cual todos estamos conectados individualmente, y a la cual tenemos acceso.

La idea de los cuerpos sutiles surgiendo en armonía no es nueva en lo absoluto; ha estado incluida en muchas tradiciones a través de todo el mundo, especialmente en las orientales.

Suposición: A través del sistema de chakras se trae al cuerpo la energía universal como fuerza vital y conciencia. Los primeros tres chakras están alineados con el Mundo de la Humanidad, mientras que del cuarto al octavo están más alineados con el Mundo de la Verdad Divina.

En adición al océano de energía que contiene nuestros cuerpos sutiles de distintas vibraciones, los seres humanos poseemos un sistema de centros energéticos que están alineados verticalmente en nuestros cuerpos. Estos se conocen como chakras—*ruedas de energía* en sánscrito, porque son como vórtices de energía giratoria.

Los chakras son como transformadores. Toman la energía de la fuerza vital (prana, chi, energía de Cristo) que nos viene del universo y la bajan a frecuencias que pueden utilizarse en los procesos bio-moleculares y celulares del cuerpo físico. Los chakras también representan la ubicación en donde cada uno de los cuerpos sutiles se vincula al cuerpo físico, trayendo diferentes niveles de conciencia a nuestro ser. Ellos procesan nuestras experiencias, pensamientos y sentimientos diarios, mientras que también llevan una información a largo plazo relacionada con la historia personal y tribal, patrones de pensamiento largamente establecidos y arquetipos.

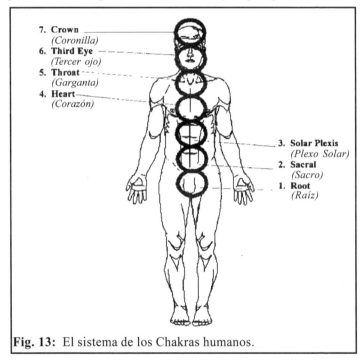

7. Crown
   (Coronilla)
6. Third Eye
   (Tercer ojo)
5. Throat
   (Garganta)
4. Heart
   (Corazón)

3. Solar Plexis
   (Plexo Solar)
2. Sacral
   (Sacro)
1. Root
   (Raíz)

Fig. 13: El sistema de los Chakras humanos.

Los primeros tres chakras poseen niveles de conciencia que vibran a las frecuencias más bajas de la cadena existencial, enraizados en el Mundo de la Humanidad. Ellos llevan la energía del arquetipo de víctima. El perdón tradicional es el único tipo de perdón que es posible con la conciencia de los primeros tres chakras. La conciencia que viene a través del quinto, sexto, séptimo y octavo chakra está más alineada con las energías del Mundo de la Verdad Divina, mientras que el cuarto, el chakra del corazón, provee el vínculo entre el Mundo de la Humanidad y el Mundo de la Verdad Divina.

En adición, cada chakra está asociado con una glándula endocrina y corresponde a una terminación nerviosa particular en la misma área. También cada uno tiene un color y un sonido asociado con él, y cada uno nutre una parte particular del cuerpo. Los chakras también sirven como bancos de información de datos y procesadores asociados con las partes del cuerpo a las cual están apegados y la función que realizan.

- El **primer** chakra (raíz) lleva datos relacionados con estar enraizados en la Madre Tierra y asuntos de confianza básica, seguridad y voluntad para vivir. Este chakra maneja la conciencia tribal/social.

- El **segundo** chakra (sacro) lleva información relacionada a la creatividad, energía sexual, dinero y culpa. Este chakra, como el primero, maneja la conciencia tribal/social.

- El **tercer** chakra (plexo solar) lleva datos relacionados al poder y al control, relaciones sociales y familiares, traición y enojo. Esta chakra también está dirigido por la conciencia tribal/social.

- El **cuarto** chakra (corazón) lleva información sobre asuntos del corazón, relaciones, amor, nutrición y compasión. Este es el primer chakra en energizar la individualidad y auto-determinación, independiente de la conciencia social grupal.

177

- El **quinto** chakra (garganta) lleva datos sobre las cosas que se expresan o se retienen respecto al poder personal, la voluntad individual y la expresión creativa. Está dirigido por la conciencia individual, en oposición a la conciencia grupal.

- El **sexto** chakra (tercer ojo) lleva información sobre el conocimiento intuitivo, clarividencia y la voluntad de saber la verdad. En este caso, la verdad se refiere al conocimiento no definido por la conciencia grupal, sino directamente de la experiencia individual de la conciencia cósmica.

- El **séptimo** chakra (coronilla) lleva datos sobre la conciencia espiritual y la conexión a la Fuente.

- El **octavo** chakra, que está por encima de la cabeza, representa nuestro contrato o acuerdo para encarnar, y contiene la misión de nuestra vida.

A pesar de que el sistema de los chakras tiene una gran importancia en las tradiciones médicas orientales, la ciencia médica occidental no le presta atención alguna, y en general existe muy poco reconocimiento en el occidente sobre su importancia para nuestra salud, bienestar espiritual y frecuencia vibracional.

En verdad, los chakras son cruciales. Cuando estos centros de energía se desequilibran—como sucede cuando nos alteramos emocionalmente o somos traumatizados, por ejemplo—revierten su rotación, se vuelven bastante erráticos, y en algunos casos se apagan casi por completo. El enojo, el resentimiento y el dolor tenderán a cerrar el chakra del corazón y el chakra de la garganta; la culpa y desconfianza debilitarán el chakra del sacro, y así por el estilo. Los efectos de tales desequilibrios de energía se sentirán como letargo, malestar general, bajo impulso sexual, inhabilidad para decir la verdad, y otros síntomas a los que no se les puede encontrar causa médica. Si los chakras permanecen fuera de equilibrio por mucho tiempo, sin embargo, es inevitable que el efecto se manifieste tarde o temprano como una enfermedad en el cuerpo físico. Como hemos notado en relación con los cuerpos sutiles, la enfermedad casi siempre comienza en los campos energéticos—que incluyen los chakras—y se mueve al cuerpo físico, apareciendo finalmente como una enfermedad o un quebrantamiento físico.

Afortunadamente, los chakras pueden restablecer su equilibrio de una manera fácil. Hay practicantes lo suficientemente sensibles para sentir la energía de cada chakra, y tienen técnicas para volverlos a equilibrar. Muchas de las formas de la medicina energética, tales como la acupuntura, la homeopatía, la aromaterapia y muchas otras, actúan directamente sobre los chakras y los equilibran.

(Para una información completa sobre cómo puede explicarse nuestra evolución en referencia a los chakras, vea "Anatomía del Espíritu" de Caroline Myss, Three Rivers Press, 1996)

PARTE CUATRO

Herramientas para el Perdón Radical

16: Una Tecnología Espiritual

Al escribir la primera edición de este libro, tenía dos objetivos en mente. Primero, quería explicar el concepto del Perdón Radical de la manera más simple que pudiera para hacerlo accesible a la mayor cantidad de personas. Segundo, quería hacerlo lo más práctico posible para que las personas lo pudieran usar en su vida diaria. Eso significaba tener herramientas que no sólo fueran efectivas, sino rápidas y fáciles de usar.

Mientras escribo esta segunda edición, confieso que me sorprende lo efectivas que han mostrado ser las herramientas que se proporcionan en este libro. Yo mismo me encuentro sorprendido con respecto a cuán extraordinariamente poderosas han mostrado ser en ayudar a otras personas a sanar sus vidas.

También me he dado cuenta de que trabajan de una manera similar a como trabajan los remedios homeopáticos. O sea, que trabajan íntegro-energéticamente *(utilizando la energía del todo)*.

Formando parte de un universo holográfico, cada diminuta parte del universo no solo está conectada energéticamente al todo, sino que contiene el todo. Por lo tanto, desde un punto de vista energético, no se puede cambiar una parte sin afectar el todo.

La homeopatía utiliza este principio haciendo remedios que afectan el sistema energético del organismo exactamente de esta manera. La parte más pequeña de un ingrediente activo se coloca en agua y entonces se diluye muchos miles de veces hasta el punto en que ya no queda rastro físico de la sustancia. Lo que queda, sin embargo, es la impregnación energética de la sustancia y en eso radica el poder de sanar. Cuando la persona toma el remedio, el cuerpo sutil registra la impregnación y se estimula a mover energía en cualquier manera necesaria para sanar a todo nivel.

Lo mismo sucede con estas herramientas del Perdón Radical. De la misma manera en que alguien podría ver el remedio homeopático y al no ver mas que agua, se le haría muy difícil imaginar que tiene el poder de sanar, de la misma manera alguien que ve una hoja de trabajo de perdón, por ejemplo, será totalmente escéptica respecto a su habilidad para cambiar su vida.

Aún así, funciona. Miles de personas han usado la hoja o escuchado el CD de los 13 Pasos o caminado el círculo en la Ceremonia de Perdón Radical, y han experimentado milagros en sus vidas.

Estas herramientas funcionan porque cada una de ellas es simplemente el sistema de ejecución para un ingrediente secreto—la impregnación energética del Perdón Radical; es decir, la **voluntad** a estar dispuestos a considerar la idea de que no hay nada que perdonar.

El proceso es bastante sutil. El control mental y hacer que las cosas pasen en el nivel denso a través de afirmaciones, visualización o técnicas de hipnosis tiene muy poca relevancia para el Perdón Radical. Tampoco requiere un gran nivel de creencia o de fe; y tampoco es necesario estar en un estado en la situación, ya sea que la comprendamos o no. La respuesta a cada pregunta es "Si".

Le pregunté a Debi si tenía una situación en qué trabajar con este proceso. Ella pensó por un momento y después dijo: *"Sí, aquí hay algo por lo cual he estado molesta por un tiempo. Casi lo olvido. Hace aproximadamente trece años, estaba en un estudio particular y llegó un tipo a quien yo conocía razonablemente bien, pero con quien no tenía una relación estrecha. Hablamos por un tiempo y eventualmente me dijo lo que realmente estaba pensando. El dijo: 'Debi, tengo este grandioso producto que realmente es muy bueno para promocionarlo en la radio y necesito que hagas un anuncio para mi. El problema es que ahora no tengo dinero, pero ¿me harías ese favor?'*

Bueno, finalmente cedí y accedí a hacer por $75 lo que normalmente hago por mucho dinero. Hice el anuncio ¿y adivina qué? Se hizo multimillonario de la noche a la mañana.

Un tiempo después, cuando me lo encontré, le sugerí que me enviara algo de lo que había ganado en agradecimiento por lo que había hecho por él. Su respuesta fue, 'Debi, ¡no estamos en el negocio de regalar dinero!'"

Esto era perfecto, ella obviamente tenía esos sentimientos ¡aún después de trece años! Esto era comprensible dado el hecho de que cada vez que ella prendía la radio en los últimos trece años, ¡ese anuncio estaba allí! Como pueden imaginarse tenía todos los ingredientes de una historia de víctima—traición, insulto, manipulación, retención, ingratitud, etc.

Así que inmediatamente la guié a través del proceso. No tomó más de siete minutos y como siempre después de hacer un proceso como ese, pasamos a otra cosa sin mayor discusión.

(Hablar sobre ello destruiría el campo de energía creado durante el proceso).

Ella salió esa tarde y regresó a su hotel alrededor de las 11:00pm. Me llamó a las 11:05 en un estado de gran emoción. Aparentemente, había revisado sus mensajes de voz y uno de ellos era del estudio de producción que la había ayudado a hacer ese anuncio específico.

El mensaje decía así: "Debi, ese comercial que grabaste para el Sr. X ha salido nuevamente y necesita ser grabado. Sin embargo, los derechos de autor expiraron, así que esta vez podrías ganar todas la regalías sobre él. ¿Estás interesada?"

Bueno, como pueden imaginarse, yo estaba saltando de arriba a abajo gritando, "¡Esta cosa realmente funciona!" Pero luego Debi dijo, "Pero hay algo más. Cuando hicimos los 13 Pasos, le eché un vistazo al reloj en la pared y por alguna razón registré la hora bastante claramente en mi mente. Eran las 3:01pm. ¡Ese mensaje entró a las 3:02pm! Un minuto después—y ¡no he hablado con él por meses!"

La historia de víctima de Debi sobre cómo había sido usada, engañada, deshonrada, insultada y rechazada había mantenido la energía atascada por trece años. No fue sino hasta que se le invitó a expresar una pequeña cantidad de voluntad para ver que ella había creado esa historia en base a su percepción de la situación, y que durante el proceso de los 13 Pasos la enmarcara en un cuadro que reflejaba la verdad espiritual, que el campo energético colapsó. En ningún momento "trabajamos" en su historia. Eso simplemente le hubiera dado más poder y la hubiera reforzado. En vez de eso, utilizamos la tecnología holo-energética del Perdón Radical para transformar la energía.

Es interesante ver lo que podría haber estado sucediendo aquí. La mayoría de las personas hubieran estado de acuerdo con Debi en que este hombre la había traicionado, insultado y deshonrado con su actitud egoísta. Aún así, el hecho de que exhibiera este verdaderamente peculiar tipo de comportamiento era una clave de que algo más estaba sucediendo detrás de la situación aparente.

En el momento en que ocurrió el evento, la autoestima de Debi estaba bastante baja. A pesar de que siempre se le ha dicho qué buena cantante es, nunca lo había aceptado. Siempre se había menospreciado. Tenía la creencia inconsciente de que ella no valía lo que podía cobrar justamente por su talento.

Es un principio del Perdón Radical que si ustedes tienen una creencia limitada que les evita que se vuelvan plenos o logren su verdadero propósito, su Ser Superior siempre encontrará maneras para hacerles ver su creencia limitada a fin de que puedan sanarla. No puede intervenir directamente porque ustedes tienen libre albedrío. Pero puede, a través de la Ley de Atracción, traer a su vida a alguien que actuará su creencia para que puedan verla por lo que es y escoger soltarla.

Este hombre resonaba con su creencia limitada de que no valía, no era lo suficientemente buena, y entonces, él respondió al llamado. Su Ser Superior se puso de acuerdo con el Ser Superior de ella para actuar este asunto de la valía a fin de que ella pudiera sentir el dolor de esta idea para poder verla y escoger de nuevo.

Entonces, lejos de ser el villano, este hombre era, de hecho, un ángel de sanación para Debi. A costa de una gran incomodidad para él—porque quién podría disfrutar ser un desgraciado avaro—él actuó la historia de Debi para ella misma.

Desafortunadamente, ella perdió la lección en ese momento y simplemente lo tomó como una oportunidad para agrandar su historia de "no soy suficiente" y probar que era correcta.

No fue sino hasta trece años más tarde que ella hizo un simple proceso llamado *Los 13 Pasos*. Como resultado de ello pudo ver la verdad—que él le estaba proveyendo de una oportunidad y que él en realidad era un *sanador*. Inmediatamente la energía se comenzó a mover nuevamente y el dinero fluyó casi instantáneamente en dirección a ella. (El dinero sólo es energía).

Unos días después de que Debi regresó de su entrenamiento, se encontró con él. El se acercó a ella y le dijo: *"Sabes, Debi, nunca te agradecí por lo que hiciste por mí hace tantos años cuando hiciste ese primer anuncio para mi. Me diste una oportunidad y funcionó. Realmente lo aprecio. Gracias."* Aún así no le ofreció dinero, pero eso no importa. Lo que ella obtuvo de él fue el reconocimiento que previamente no había podido aceptar. Este fue el momento final de la sanación.

Desde ese día, Debi ha asumido su poder. Ella dejó de esconder su talento haciendo trabajo de estudio anónimo y ahora está dando conciertos y grabando sus propios CD. Incluso comenzó una compañía propia de producción. Todas esas cosas antiguas de "no soy lo suficientemente buena" desaparecieron por completo y ella está viviendo su propósito.

Si compran el CD Adjunto anunciado en la parte interior de la contraportada de este libro, escuchen a Debi cantar "Más allá de la Justicia Hacia la Misericordia" en la pista número dos. ¡Escucharán a qué me refiero!.

Siempre cuento la historia de Debi para convencer a las personas del poder de estas aparentemente simples herramientas y para motivarlas a usarlas, y le estoy agradecido por permitirme hacerlo.

Nota:

Si quieren experimentar el poder de los 13 Pasos al Perdón y poseer una herramienta que continuamente le ayudará a vivir su vida ideal, pida el CD Adjunto. (Ver la parte interior de la contraportada)

He grabado en el CD una introducción a los 13 Pasos, pero está en una pista separada. De esa manera no tendrán que escucharla cada vez que hagan el proceso de los 13 Pasos, pero la encontrarán de mucha ayuda. El proceso en sí toma sólo cerca de siete minutos. El lugar ideal para mantener este CD es en el auto. Cada vez que algo los moleste, pónganlo y escúchenlo.

Simplemente porque contiene los 13 Pasos, este CD probablemente será la mejor inversión que pueden hacer en ustedes mismos.

17: Las Cinco Etapas del Perdón Radical

No importa la forma que tome la tecnología del Perdón Radical, ya sea un taller, los 13 Pasos, la hoja de trabajo del Perdón Radical o la ceremonia, cada una está diseñada para guiarlo a través de las cinco etapas esenciales del Perdón Radical. Estas son:

1. Contar la Historia:

En este paso, alguien voluntaria y compasivamente nos escucha contar nuestra historia y la honra como la verdad en el momento. (Si estamos haciendo una hoja de trabajo, esta persona puede ser nosotros mismos)

Que alguien escuche nuestra historia y que la presencie es el primer paso vital para dejarla ir. Así como el primer paso en liberar la victimización es vivirla plenamente, así debemos vivir nuestra historia con plenitud desde el punto vista de ser la víctima y evitar cualquier interpretación espiritual en esta etapa. Esto viene después en el paso 4.

Aquí debemos comenzar desde donde estamos (o estuvimos si vamos de vuelta al pasado para sanar algo), así que podemos sentir algo del dolor que causó el bloqueo energético en primer lugar.

2. Sentir los Sentimientos:

Este es el paso vital que muchas personas llamadas espirituales quieren dejar fuera del proceso, pensando que no deben tener sentimientos "negativos". Eso es negación, pura y simplemente, y no comprende la idea de que el poder auténtico reside en nuestra capacidad para sentir nuestros sentimientos plenamente y que de esa manera nos mostramos como completamente humanos. Nuestra sanación comienza sólo cuando nos damos permiso a nosotros mismos para acceder nuestro dolor. Ese camino a la sanación es esencialmente un camino emocional. Pero no tiene que ser todo dolor tampoco. Es sorprendente que mientras pasamos por los niveles de emoción y nos permitimos sentir auténtico dolor, cuán rápido esto se convierte en paz, gozo y agradecimiento.

3. Colapsando la Historia:

Este paso analiza cómo comenzó nuestra historia y cómo nuestras interpretaciones de los eventos nos llevaron a que ciertas creencias (falsas) se formaran en nuestra mente, las cuales determinan cómo pensamos sobre nosotros mismos y cómo hemos vivido nuestras vidas. Cuando nos damos cuenta de que estas historias la mayor parte del tiempo no son ciertas y sólo sirven para mantenernos atascados en el arquetipo de víctimas, obtenemos el poder para tomar la decisión de dejar de darles nuestra energía de fuerza vital. Una vez que decidimos retraer nuestra energía, recuperamos nuestro poder y las historias se debilitan y mueren.

También es en este paso donde podemos ejercitar un alto grado de compasión por la persona que estamos perdonando y sacar a relucir un poco de honestidad directa, comprendiendo con bondad cómo la vida es a menudo, qué tan imperfectos somos y la comprensión de que todos estamos haciendo lo mejor que podemos con lo que se nos ha dado. Mucho de esto lo podemos categorizar como perdón tradicional y, sin embargo, es tan importante como un primer paso y un chequeo de realidad. Después de todo, muchas de nuestras historias tienen su génesis en nuestros primeros años de niñez, cuando imaginábamos que todo el mundo giraba en torno a nosotros y que todo era nuestra culpa.

Así que aquí es donde renunciamos a parte de esas heridas de niño al simplemente traer nuestra perspectiva de adultos y llevarla con nosotros y confrontar nuestro niño interno con la verdad plena de qué fue lo que realmente pasó o no pasó, distinguiéndola de nuestra interpretación sobre lo que pensamos que pasó. Es increíble cuán ridículas muchas de nuestras historias parecen una vez que permitimos que entre la luz. Sin embargo, el valor real de este paso es la liberación de nuestro apego a la historia, para que ya podamos fácilmente comenzar a hacer la transición requerida en el próximo paso.

4. Volviendo a Enmarcar la Historia:

Aquí es donde nos permitimos a nosotros mismos cambiar nuestra percepción, de tal manera que en vez de ver la situación como una tragedia, tenemos la voluntad de ver que de hecho fue exactamente lo que queríamos experimentar y fue absolutamente esencial para nuestro crecimiento. En ese sentido fue perfecto. Por momentos podremos ver la perfección de inmediato y aprender la lección en el instante. A menudo, sin embargo, es cuestión de renunciar a la necesidad de resolverlo y rendirnos a la idea de que el regalo está contenido en la situación, ya sea que lo sepamos o no. Es en este acto de rendición que se aprende la verdadera lección de amor y se recibe el regalo. Este también es el paso de la transformación, pues cuando comenzamos a abrirnos a ver la perfección Divina en lo que pasó, nuestras historias de víctima que alguna vez fueron los móviles para el enojo, amargura y resentimiento, se transforman en historias de apreciación, gratitud y aceptación amorosa.

5. Integración:

Después de que nos permitimos tener la voluntad de ver la perfección en la situación y convertimos nuestras historias en historias de gratitud, es necesario integrar ese cambio a nivel celular. Esto significa integrarlo en el cuerpo físico, mental, emocional y espiritual para que se convierta en parte de lo que somos. Es como guardar lo que han hecho en la computadora en el disco duro. Solo allí se volverá permanente.

Con la hoja de trabajo, la integración viene a través de la escritura y lectura de afirmaciones en voz alta. Con los 13 Pasos, es hacer la afirmación verbal para ver la perfección. Con la ceremonia es el acto de caminar a través del círculo y decir algo de una naturaleza afirmativa a alguien más que viene en dirección opuesta. El ritual, la ceremonia y, por supuesto, la música también se utilizan para integrar el cambio en la percepción que es el Perdón Radical.

Estas cinco etapas no necesariamente suceden en este orden. Muy pocas veces nos movemos a través de todas ellas, o algunas de ellas al menos, simultáneamente, o continuamos regresando de una etapa a otra en una especie de círculo o espiral.

18: Finja Hasta que lo Logre

El perdón es un camino, y siempre comienza desde un lugar de
no perdón. Llegar allí lleva años o minutos y nosotros sabemos
ahora que esto es cuestión de elección. El perdón tradicional
toma mucho tiempo, pero podemos hacerlo rápidamente a través
del Perdón Radical simplemente expresando nuestra *voluntad*
para ver la perfección. Cada vez que hacemos esto, representa
un acto de fe, una oración, una ofrenda, una humilde petición
para obtener ayuda divina. Hacemos esto en momentos cuando
nos sentimos imposibilitados a perdonar, y en ese sentido es un
proceso de 'fínjalo hasta que lo logre'.

Rendirse

Fingirlo hasta que realmente lo logre realmente significa rendirse
al proceso, no poner ningún esfuerzo ni tratar de controlar los
resultados. En el estudio de Seattle *(Capítulo 13)*, mientras
más se esforzaban los participantes en tratar de perdonar, más
difícil se les hacía el soltar su dolor y su enojo. Cuando dejaron
de tratar de perdonar y controlar el proceso, en algún momento
el perdón simplemente ocurrió.

Es verdad que el cambio energético del enojo al perdón y de
echar la culpa a asumir responsabilidad sucede mucho más
rápidamente con el Perdón Radical porque, utilizando las
herramientas dadas aquí, podemos abandonar la conciencia de
víctimas. La conciencia, como pueden recordar del Capítulo
13, cambia el tiempo. Sin embargo, aún con el Perdón Radical,

debemos entrar al proceso sin expectativas de cuándo puede darse un cambio energético—aunque sabemos que puede suceder instantáneamente. Exactamente cuándo empiezan a mostrarse los resultados puede depender de cosas de las cuales sabemos muy poco. Puede tomar un poco de tiempo antes que comencemos realmente a sentir aceptación incondicional por la persona involucrada y paz en de la situación—que es cuando sabemos que el proceso de perdón está completo. Llegar a este punto puede tomar muchas hojas de trabajo, por ejemplo.

Sin embargo, da consuelo saber que no tenemos que querer a la persona para perdonarla. Tampoco debemos permanecer en su compañía si su personalidad y/o su comportamiento nos son tóxicos. El Perdón Radical es una interacción de alma a alma y requiere solamente que nos conectemos a nivel de alma. Cuando sentimos este amor incondicional por su alma, nuestra alma se une a la de esa persona y nos volvemos uno.

Aprovechando la Oportunidad

Cada vez que alguien nos moleste, debemos reconocer esto como una oportunidad para perdonar. La persona que nos molesta puede estar resonando con algo en nosotros que necesitamos sanar, en cuyo caso él o ella nos da un regalo, si elegimos verlo de esa manera; o sea, si queremos *cambiar nuestra percepción*. La situación también puede ser una réplica de tiempos anteriores cuando alguien nos hizo algo similar. Si es así, esta persona representa a todos aquellos que nos han hecho esto antes. Conforme perdonamos a esta persona por la situación actual, perdonamos a todos los otros que se han comportado de la misma manera, así como también nos perdonamos a nosotros mismos por lo que pudimos haber proyectado en ellos.

Un ejemplo de esto aparece en el diagrama de la página 36. Aquí, la historia de Jill es representada como un tiempo lineal en donde aparecen todas las oportunidades que se le habían brindado para sanar su dolor original, el cual surgió de su concepción equivocada de que ella "no era lo suficiente". Cuando finalmente vio lo que estaba pasando en la situación con Jeff y lo perdonó (sanó), automáticamente perdonó y sanó cada ocasión previa—incluyendo la original con su padre. Toda su historia, incluyendo aquellos incidentes conectados con su esposo anterior, colapsaron en un instante, tan pronto como se prendió el foco.

Esta es la razón por la cual el Perdón Radical en sí no requiere terapia. Perdonar en el momento no sólo sana todas las otras veces en que sucedió la misma cosa o alguna similar, incluyendo la situación original, sino que tampoco tienen que saber cuál fue la situación original. Eso significa que no deben escarbar el pasado tratando de averiguar exactamente cuál fue el dolor original. De todas maneras está sanado, así que ¿de qué sirve?

Cambiando Nuestra Percepción

Los siguientes capítulos contienen procesos que cambian la energía y ofrecen oportunidades para *cambiar nuestra percepción* de lo que puede estar sucediendo en una situación dada. Este cambio en la percepción constituye la esencia del Perdón Radical. Todos estos procesos nos llevan al momento presente ayudándonos a recuperar nuestra energía del pasado y retenerla del futuro, ambas de las cuales deben hacerse para que ocurra el cambio. Cuando estamos en el presente, no podemos sentir resentimiento, porque el resentimiento sólo vive en el pasado. Tampoco podemos sentir miedo, porque el miedo sólo existe en relación con el futuro. Nos encontramos nosotros mismos, entonces, con la oportunidad de estar en el presente y en un espacio de amor, aceptación y Perdón Radical.

Herramientas de Perdón de Primeros Auxilios

Algunas de las herramientas incluidas en esta sección son más apropiadas para utilizarse en el preciso momento cuando una situación requiere perdón. Ellas ayudan a movernos hacia la conciencia de lo que pueda estar pasando antes de que nos arrastre demasiado profundamente a un drama y nos vayamos a victimalandia. Cuando se nos *aprietan los botones*, fácilmente nos movemos hacia el ciclo de defensa/ataque. Una vez que estamos en este ciclo, sin embargo, encontramos difícil salir. El uso de estas herramientas rápidas sin embargo, nos ayuda a evitar comenzar este ciclo. El Proceso de los Cuatro Pasos hacia el Perdón es una de estas herramientas. Es fácil de recordar y pueden decírselo a ustedes mismos en ese mismo momento. El casete o el CD de los 13 Pasos hacia el Perdón también es muy útil porque puede tenerlo en el auto o a mano en su casa.

Otras herramientas descritas en los capítulos siguientes están diseñadas para que las utilicemos en silenciosa soledad y después de que hayamos tenido la oportunidad de ventilar el enojo y la frustración. La Hoja de Trabajo del Perdón Radical logra maravillas a este respecto. Al principio, úsenlas como un acto de fe. El resultado probará con el tiempo ser increíble. El uso constante de estas herramientas nos ayuda a encontrar la paz que nunca hubiéramos pensado que era posible.

19: Sintiendo el Dolor

Sentir los sentimientos es la segunda etapa en el proceso del perdón y usualmente surge como consecuencia de contar la historia. Este paso requiere que nos demos permiso de sentir los sentimientos que tenemos respecto a una situación específica—y sentirlos plenamente. Si tratamos de perdonar usando puramente el proceso mental, negando así que nos sentimos enojados, tristes o deprimidos, por ejemplo, nada pasará. He conocido a muchas personas, especialmente aquellas que piensan que son espirituales, que sienten que los sentimientos deben negarse o "entregarse" al Espíritu. A eso se le conoce como un desvío espiritual.

En 1994, accedí hacer un taller en Inglaterra. Esto fue diez años después de haber emigrado a los Estados Unidos y ya había olvidado hasta dónde los ingleses se resisten a sentir sus sentimientos.

El taller iba a llevarse a cabo en un monasterio en algún lugar al oeste de Inglaterra, y como sucedió, la mayor parte de los participantes eran sanadores espirituales. Llegamos al monasterio, pero no había nadie, así que entramos, reacomodamos los muebles, y comenzamos el taller. Comencé explicándoles que la vida era esencialmente una experiencia emocional para el propósito de nuestro crecimiento espiritual y que el taller estaba diseñado   para ayudarnos a ponernos en contacto con las emociones que habíamos enterrado.

Bien, ¡ustedes hubieran pensado que les había dicho que tenían que bailar desnudos alrededor del fuego o algo por el estilo! Esto fue lo que dijeron.

"No, no. Somos espirituales. Tenemos que trascender nuestras emociones. No le damos crédito a las emociones. Si las tenemos, simplemente le pedimos al Espíritu que se las lleve, y simplemente nos vamos directamente a la paz. No creemos en este tipo de trabajo."

Después de aproximadamente una hora de taller, sabía que tenía un desastre en las manos. Era como nadar a través de melaza. No podía llegar a ellos y no había manera de que ellos hicieran este trabajo. Me estaba sintiendo progresivamente mal cada momento y estaba convencido de que el taller iba a desarmarse completamente.

En este momento, el Espíritu intervino. Un joven monje con un hábito completo entró a la habitación exigiendo saber quién estaba a cargo. Cuando le dije que yo, exigió que saliera con él. El quería "hablarme", pero yo podía ver que estaba furioso. Estaba todo rojo y alterado. Yo le dije que estaba llevando a cabo un seminario y que lo buscaría cuando terminara.

El subió pero bajó casi inmediatamente, claramente enfurecido. El me apuntó y me hizo una seña de que lo siguiera y gritó *"¡Quiero verte ahora!"*

Fue el gesto con el dedo lo que me provocó. Toda la frustración y tensión de la última hora se juntó y salió a la superficie. Me volteé a la clase y dije en un tono amenazante. *"¡Sólo vean esto!"* Fui donde estaba el monje sumamente alterado y con cara roja y le dije en términos no inciertos, señalándolo de vuelta con mi dedo muy cerca de su cara, *"No me importa lo que esté usando y qué representan esas vestiduras, usted no entra a mi taller y me hace señas como si fuera un pequeño niño de escuela que lo ha ofendido—Estoy listo. De hecho, terminaré a las 12:00. Si tiene algo que decirme, más le vale que esté afuera en el lobby a esa hora. Entonces hablaremos. Ahora, ¡retírese de mi habitación!"*

Me volví hacia la clase, quienes estaban allí sentados horrorizados con la boca abierta. (¡Usted puede hablarle así a hombres religiosos!) Dije apuntando a cada uno de ellos con el dedo. *"Quiero que me digan qué están sintiendo ahora, en este momento, y no me vengan con esa basura que se lo entregaron a la llama violeta y que se están sintiendo en paz, porque es obvio que no es cierto. ¿Qué están sintiendo? ¡Sean realistas!"*

Bien, no es necesario decir que tenían sentimientos a lo grande y que empezamos a discutirlos. Con la ayuda del monje yo había roto sus muros de resistencia para reconocer que los humanos tienen sentimientos y que eso está bien. Había descubierto su historia. Ellos estaban haciendo un desvío espiritual y yo se los había hecho saber.

A las 12:00 salí de la habitación al lobby. El monje estaba allí. Fui directamente a él y para su sorpresa y consternación, lo abracé. *"Muchas gracias"* le dije. *"Usted fue un ángel de sanación para mi el día de hoy. Usted fue mi seminario. Usted salvó todo."*

Él realmente no sabía qué decir. No creo que lo haya entendido, si bien traté de explicarle. Sin embargo, se había calmado y resultó ser que estaba muy molesto porque no había tocado la campana para hacerle saber que estábamos allí. Había estado sentado en su habitación esperando que sonara la campana, sin pensar que podíamos haber abierto la puerta y entrado. ¿Pueden imaginarse enojarse por algo tan pequeño? ¿Creen que pudo haber tenido un problema de abandono o de "no soy suficiente'?

Ese retiro de 7 días fue uno de los mejores talleres que he hecho. Eso es porque los participantes fueron realistas y auténticos. Los llevó hacia su dolor, algunos de los cuales datan de incidentes del tiempo de la guerra, que nunca habían compartido anteriormente. Ellos llegaron a darse cuenta de que el poder de sanar está en los sentimientos, no en hablar o pensar; no en afirmaciones, ni siquiera en la meditación, si ésta implica cerrarse a los sentimientos.

Otro mito es que hay dos tipos de sentimientos, positivos y negativos, y los negativos deben evitarse. La verdad es que no existe tal cosa como una emoción negativa. Solamente se vuelven *malas* y tienen un efecto negativo en nosotros cuando se les suprime, niega o no se les expresa. El pensamiento positivo es realmente sólo otra forma de negación.

Queremos la Experiencia Emocional

Como seres humanos, somos bendecidos con la capacidad de sentir nuestras emociones. De hecho, algunos dicen que la *única* razón por la cual escogemos esta experiencia humana surge del hecho de que éste es el único planeta que lleva la vibración de la energía emocional, y hemos venido aquí precisamente a experimentarla. En consecuencia, cuando no nos permitimos a nosotros mismos experimentar el rango completo de emociones y en vez de sentirlas las suprimimos, nuestras almas crean situaciones en las cuales literalmente nos vemos forzados a sentirlas. (¿No han notado que las

202

personas a menudo tienen oportunidades de sentir emociones intensas después de haber orado por crecimiento espiritual?)

Esto significa que todo el sentido de crear una molestia simplemente yace en el deseo de nuestra alma de proveer una oportunidad para sentir una emoción suprimida. Si este es el caso, simplemente permitámonos tener el sentimiento que pueda permitir que la energía se mueva a través de nosotros y el llamado problema desaparecerá inmediatamente.

Sin embargo, no todas las situaciones se disuelven tan fácilmente. Cuando tratamos de enfrentar un asunto profundamente enraizado y la memoria de lo que aparentemente es una trasgresión imperdonable tal como un abuso sexual, violación o un abuso físico, toma más que experimentar nuestras emociones para llegar al punto en donde sintamos amor incondicional por esa persona. Sentir la emoción plenamente es sólo el primer paso en fingirlo hasta que lo logremos y definitivamente no desviarnos.

No estoy diciendo que el trabajo emocional no beneficiará la reflexión ganada a través de un cambio de percepción que pueda haber ocurrido antes de que las emociones se sintieran y expresaran. Ciertamente lo hará. Sin embargo, lo contrario no es cierto; el cambio en la percepción requerido para el Perdón Radical no sucederá si los sentimientos subyacentes reprimidos no están relacionados primero.

Invariablemente, cuando sentimos el deseo de perdonar a alguien o algo, hemos sentido en algún momento enojo hacia ellos o eso. El enojo realmente existe como una emoción secundaria. Tras el enojo yace el dolor emocional primario, tal como el dolor, el orgullo, la vergüenza, la frustración, la tristeza, el terror o el miedo. El enojo representa la *energía en movimiento* que emana de la supresión de ese dolor. No permitir que el enojo de uno fluya puede compararse con tratar de tapar un volcán. ¡Un día explotará!

Las etapas uno y dos del proceso del Perdón Radical nos piden ponernos en contacto no solo con el enojo sino con las emociones subyacentes también. Esto significa sentirlo—no hablar sobre ello, analizarlo o etiquetarlo sino ¡experimentarlo!

Amen su Enojo

A menudo, cuando las personas hablan de *dejar ir* el enojo o *soltar* el enojo, realmente siempre tratan de liberarse de él. Ellas lo juzgan como malo o indeseable—incluso atemorizante. Ellos no quieren sentirlo, así que sólo hablan de ello y tratan de procesarlo intelectualmente, pero eso no funciona. Tratar de procesar la emoción hablando acerca de ella es sólo una forma de resistirse a sentirla. Es por eso que la mayoría de las terapias habladas no funcionan. *A lo que te resistes, persiste.* Debido a que el enojo representa energía en movimiento, resistirse a ella simplemente se queda atascado dentro de nosotros—hasta que el volcán hace erupción. Liberar el enojo realmente significa liberar la energía atascada de emociones retenidas, permitiéndole moverse libremente a través del cuerpo como una emoción. Hacer algún tipo de *trabajo con el enojo* nos ayuda a experimentar esta emoción con un propósito y con control.

El Trabajo con el Enojo Mueve la Energía

Lo que llamamos trabajo con el enojo no es realmente sobre el enojo. Es simplemente el proceso de que la energía atascada en el cuerpo salga nuevamente. Sería más apropiado llamarlo trabajo de liberación de energía. Como sea que se llame, el proceso puede ser tan simple como gritar en una almohada (para no asustar a los vecinos), gritar en el auto, pegarle a las almohadas, cortar madera, o hacer algo de actividad física explosiva.

Combinar la actividad física con el uso de la voz aparentemente provee la llave a un exitoso trabajo de liberación de energía. A menudo bloqueamos la energía de la emoción en la garganta, ya sea con enojo, tristeza, culpa o lo que sea, para que la expresión vocal pueda ser siempre parte del proceso. Deberíamos involucrarnos, no con la idea de tratar de librarnos del sentimiento, pero con la intención de sentir la intensidad de dicho sentimiento moviéndose a través del cuerpo—sin pensamiento o juicio. Si realmente podemos rendirnos a las emociones, nos sentiremos más vivos de lo que nos hemos sentido en un largo tiempo, y nos daremos cuenta de que la energía se ha disipado.

Si el Enojo da Miedo

Para muchos de nosotros, el pensamiento de sacar a relucir el enojo puede ser demasiado aterrador para incluso contemplar la idea, especialmente si el terror yace bajo el enojo. La persona que nos hizo estas cosas terribles puede aún ejercer una fuerte influencia en nuestra mente subconsciente. Bajo estas circunstancias, no es aconsejable hacer el trabajo con el enojo uno solo. En lugar de eso, deberíamos trabajar con alguien que sepa cómo apoyarnos mientras sentimos tanto el enojo como el terror—alguien con quien nos sintamos a salvo y que tenga experiencia ayudando a las personas a moverse a través de esta emoción intensa. Un consejero o psicoterapeuta de algún tipo sería una buena elección. También recomiendo hacer la Respiración Satori *(ver el Capítulo 27)* con un practicante experimentado. Esto provee una forma de liberar la emoción.

205

Advertencia de Adicción al Enojo

Una nota de precaución necesita mencionarse aquí. Es muy fácil ser adictos al enojo. El enojo se alimenta a sí mismo y se convierte rápidamente en resentimiento. El resentimiento se regocija yendo una y otra vez sobre una herida antigua, constantemente revistiendo el dolor asociado con el mismo y ventilando el enojo resultante en alguna forma. Se vuelve una adicción poderosa en y sobre sí misma.

Debemos percatarnos de que el enojo que persiste no tiene ningún propósito útil. Consecuentemente, una vez que a la energía del enojo se le ha permitido fluir como un sentimiento, debemos usar la energía para crear un resultado positivo. Tal vez necesitamos crear un límite o una condición en interacciones futuras con la persona alrededor de la cual gira nuestro enojo. Tal vez podemos tomar una decisión de algún tipo, tal como tener la voluntad de sentir compasión por la persona o perdonarla. Sólo cuando lo utilizamos como un catalizador para un cambio positivo, reclamar el poder personal o para efectos de perdón, evitaremos que el enojo se vuelva un círculo adictivo.

20: Haciendo Espacio para el Milagro

La Hoja de Trabajo del Perdón Radical, literalmente ha cambiado la vida de miles de personas. No es fácil explicar cómo y por qué logra resultados tan dramáticos, excepto decir que ayuda a las personas a cambiar su energía. De hecho, pueden decir que hacer la hoja de trabajo es en y por sí misma, una experiencia de energía. Es análogo a lo que provee el remedio homeopático, excepto que aquí el ingrediente secreto es la voluntad para perdonar—aún cuando no la sintamos. La hoja de trabajo es simplemente una manera de expresar esta voluntad. Eso parece liberar la energía atascada en la situación, la cual entonces parece resolverse a sí misma automáticamente.

Ahora que han leído el libro, entenderán que, cada vez que alguien los moleste o les promueva emociones negativas, es una *oportunidad para sanar*. Si antes los hubiera succionado el drama, ahora pueden conseguir un hoja de trabajo y comenzar el proceso de perdón.

Sigan haciendo hojas de trabajo hasta que la energía alrededor de la situación, persona o incidente se disipe. Esto puede tomar días o meses. Por otro lado, tal vez sólo una hoja de trabajo produzca el resultado deseado. Todo depende de lo que está resonando y la emoción que se está disparando.

La hoja de trabajo que se muestra en las dos hojas anteriores puede agrandarse y fotocopiarse, pero puede que ustedes

Haciendo Espacio Para el Milagro

Hoja de trabajo para Perdón Radical

Fecha _____ Hoja de taller # _____ Sujeto (X) Quien te esté lastimando/ molestando _____

3. COLAPSANDO LA HISTORIA	2. SINTIENDO LOS SENTIMIENTOS	1. RELATANDO LA HISTORIA

1. La situación causando mi malestar como yo lo percibo ahora es:

2a. ENFRENTANDO a X: Yo estoy molesto contigo porque:

2b. Debido a lo que tú hiciste (o estás haciendo), YO SIENTO: (Identifica tus verdaderas emociones)

Espacio para comentarios adicionales

	Dispuesto	Abierto	Escéptico	No dispuesto
3. Amorosamente reconozco y acepto mis sentimientos y no los juzgo más.				
4. Soy dueño de lo que siento. Nadie puede hacerme sentir nada. Mis sentimientos son una reflexión de como yo veo la situación.				
5. Aunque no sé ni por qué ni cómo, ahora veo que mi alma creo esta situación para que yo aprenda y crezca.				

6. Estoy observando algunas claves en mi vida, como patrones que se han repetido y otras características de mi vida que indican que yo he tenido muchas oportunidades de curarme anteriormente pero no las había reconocido como oportunidades en aquellos momentos. Por ejemplo:

7. Estoy dispuesto a ver que mi misión o sea "contrato de alma" incluyó tener dichas experiencias como la presente por cualquier razón.	Dispuesto	Abierto	Escéptico	No dispuesto

8. Mi malestar fue una señal de que yo estaba reteniendo amor a mi mismo y a x (X) juzgándolo(a), teniendo expectativas y queriendo que (X) cambiara y viendo a (X) como menos que perfecto. (Anota tus juzgamientos, expectativas y comportamientos que indican que tú querías que (X) cambiara.)

9. Ahora me doy cuenta de que me disgusto odio cuando alguien resuena en mi aquellas partes que no he reconocido, las partes que he negado o reprimido, y que luego las proyecto ante él o ella.	Dispuesto	Abierto	Escéptico	No dispuesto
10. (X) _____ está reflejando lo que yo necesito amar y aceptar en mí mismo.	Dispuesto	Abierto	Escéptico	No dispuesto
11. (X) _____ está reflejando una mala percepción mía. Al perdonar a (X) yo me sano y vuelvo a tener el derecho de crear mi realidad.	Dispuesto	Abierto	Escéptico	No dispuesto
12. Ahora me doy cuenta de que lo que (X) u otra persona ha hecho, no es ni bueno ni malo. Suelto todo juzgamiento.	Dispuesto	Abierto	Escéptico	No dispuesto
13. Suelto la necesidad de culpar y tener razón, y estoy dispuesto a ver la perfección de la situación tal como es.	Dispuesto	Abierto	Escéptico	No dispuesto

208

ESPACIO PARA COMENTARIOS ADICIONALES

14. ¿Aun que no sepa ni qué, por qué, ni cómo, ahora me doy cuenta de que tú y yo hemos estado recibiendo exactamente lo que cada uno hemos escogido subconscientemente y estamos participando en una danza curativa con y para el otro.

Dispuesto	Abierto	Escéptico	No dispuesto

15. Yo te bendigo (X) _____, por estar dispuesto a participar en mi curación y me siento honrado/a por estar dispuesto a participar en tu saneamiento.

Dispuesto	Abierto	Escéptico	No dispuesto

16. Yo libero de mi conciencia todo los sentimientos de: (Véase caja no. 2a)

17. (X) _____ aprecio tu buena voluntad de ser el espejo de mis percepciones, y yo te bendigo por brindarme la oportunidad de practicar Perdón Radical y Auto Aceptación de mi mismo.

Dispuesto	Abierto	Escéptico	No dispuesto

18. Ahora reconozco que lo que experimentaba (mi cuento de victima) era un reflejo preciso de mi perspective no sanada de la situación. Ahora comprendo que yo puedo cambiar esta "realidad" simplemente al estar dispuesto a ver la perfección dentro de la situación. Por ejemplo... (intenta reconstrucción al estilo Perdón Radical la cual puede ser una oración general indicando que si sabes que todo es/ está perfecto o especifico a tu situación si realmente puedes ver cual es el regalo. Nota: Muchas veces no lo puedes ver.)

19. Me perdono totalmente a mi mismo/a. _____ y me acepto como un ser amoroso, generoso y creativo. Yo suelto toda necesidad de aferrarme a mis emociones e ideas de escasez y limitación asociadas con el pasado. Yo retiro mi energía del pasado y suelto todas las barreras contra el amor y la abundancia que yo se que tengo en este momento. Soy creador de mi vida; tengo el poder de ser yo mismo otra vez; de amarme incondicionalmente, y apoyarme a mi mismo tal como soy en todo mi poder y magnificencia.

20. Me RINDO al Poder mas Alto que yo concibo como _____ y confío en el conocimiento que esta situación seguira desenvolviendose perfectamente y en acuerdo con guia divina y la ley espiritual. Me reconozco como parte del todo y me siento totalmente reconectado con mi fuente de Poder. Soy restaurado a mi verdadera naturaleza, la cual es AMOR, y ahora restauro AMOR a (X). Cierro mis ojos para poder sentir el AMOR que fluye en mi vida y para sentir el gozo que fluye cuando el amor es sentido y expresado.

21. Una nota a ti (X) _____. Despues de haber completado estas paginas, yo ....

Totalmente te perdono (X) _____ por que ahora me doy cuenta que tú no hiciste nada malo y que todo está en orden divino. Yo te reconozco, te acepto y te quiero incondicionalmente tal como eres. (Nota: Esto no quiera decir que condones el comportamiento o que tú no puedes definir tus límites. Eso es del Mundo de la Humanidad.)

22. Una nota a mi mismo:

Yo reconozco que soy un ser espiritual que está teniendo una experiencia humana, me quiero y me apoyo en todo aspecto de mi humanidad.

prefieran descargar una en tamaño completo desde nuestro sitio web. *(Ver la siguiente página).*

Terminar la hoja de trabajo requiere un manejo razonable de los principios que subyacen bajo el Perdón Radical y las siguientes *notas* sirven como recordatorios del mismo. Las partes relevantes de las hojas de trabajo están subrayadas y a manera de ejemplo, *llenadas* como *si Jill la hubiera hecho en el momento en que estaba pasando por la situación con Jeff, tal y como se menciona en la Historia de Jill, Parte 1.*

Cuando comenzamos con el Perdón Radical, tenemos una tendencia a querer hacer muchas hojas de trabajo sobre muchas personas de nuestra lista, y trabajar inmediatamente con las cuestiones más importantes del pasado.

Sin embargo, una de las mejores características del Perdón Radical radica en el hecho de que no tenemos que indagar en el pasado para sanarlo. Quien quiera que los esté molestando *ahora* es la persona que representa a TODAS las personas que alguna vez los molestaron por la misma razón en el pasado. Así que trabajen con esa persona primero, aún si piensan que no es tan importante. Si los está molestando, *es* importante. Fácilmente puede guiarlos a lo que realmente importa.

Empiecen por las cuestiones más pequeñas: unas que sean simples y sin mucha carga emocional. Los problemas pequeños crecen y se convierten en grandes problemas si no se trabajan, así que estarían haciendo un trabajo importante aún con situaciones aparentemente triviales. Además de eso, es mucho más fácil aprender cómo crear los cambios necesarios en la percepción con situaciones más simples y menos traumáticas. Dejen las grandes para más tarde.

Deben fechar y numerar estas hojas y luego archivarlas. Esto les permite revisarlas de vez en cuando y evaluar hasta qué punto ha cambiado su conciencia. Alternativamente, pueden hacer un ritual quemándolas como parte del proceso.

Reconocimientos Especiales

Esta hoja de trabajo tiene sus orígenes en una creada hace algunos años por el Dr. Michael Ryce, un pionero en este campo que dedicó su vida a traer el mensaje de perdón a todo el planeta, y al trabajo de Arnold M. Patent. Arnold originalmente me inició en el principio espiritual y su trabajo inspira muchos de los pasos en esta hoja de trabajo de perdón. Estoy profundamente agradecido por las contribuciones que cada uno ha hecho a mi comprensión y, por extensión, a este libro.

Descargue una Hoja de Trabajo GRATUITA

Vaya a nuestro sitio web, www.radicalforgiveness.com, haga clic en "Descargas" y descargue una hoja de trabajo tamaño completo, que puede fotocopiar y utilizar si surge una situación que lo amerite—¡y así será! Sugiero hacer alrededor de 50 copias.

Haciendo Espacio para el Milagro
Una Hoja de Trabajo de Perdón Radical

Fecha: 7/8/91   Hoja de Trabajo # 3

Sujeto (X)   Quién o qué lo está molestando   JEFF

• Identifique a la persona, situación u objeto por lo cual se siente molesto, aquí está anotado como "X". En ciertas circunstancias puede ser usted mismo, pero hay una gran trampa al hacer esto, especialmente cuando comienza a hacer este trabajo. La trampa es que debido a que la culpa es la raíz de toda separación, estamos demasiado inclinados a auto flagelarnos con cada oportunidad. En mis talleres, les digo a las personas que no lo hagan por esa razón. Todo perdón es auto-perdón al final, pero se logra mejor, en mi opinión, perdonando e irradiando amor hacia los demás. Es una ley universal que todo siempre regresa y usted descubrirá que ha sido perdonado.

Asegúrese de escribir sobre él/ella/eso/ustedes en un contexto de tercera persona. En otras palabras, cuente su historia como si estuviera diciéndole a alguien que algo ha pasado o está pasando. Utilice nombres.

1. La situación que me está causando incomodidad, tal y como la percibo ahora es:

Jeff me está abandonando, enfocando su atención y amor en su hija Lorraine—ignorándome completamente. Me hace sentir equivocada y me acusa de estar mentalmente desequilibrada. Me hace sentir verdaderamente inservible y estúpida. Nuestro matrimonio se acabó y es todo su culpa. Me está forzando a dejarlo.

212

1. Esta sección le pide que cuente la historia de por qué está molesto. Defina la situación. No se contenga. Descríbala como se siente ahora. No la edite o la exponga con una interpretación espiritual o psicológica. Debe honrar el lugar donde se encuentra ahora, aunque sepa que está en el Mundo de la Humanidad, Ego e ilusión. Saber que está experimentando la ilusión y que necesita experimentarla, representa el primer paso para escapar de ella.

Aunque hayamos elevando nuestra vibración considerablemente y pasado un poquito de nuestras vidas en el Mundo de la Verdad Divina, podemos ser fácilmente desequilibrados y encontrarnos nuevamente en el mundo del Ego, viéndonos a nosotros mismos como las víctimas y todo lo que eso implica. Ser seres humanos requiere esa experiencia. No siempre podemos estar felices y en paz y ver la perfección en absolutamente todas las situaciones.

> **2 (a). CONFRONTANDO A X:** Estoy molesto contigo porque:
>
> *Has arruinado nuestro matrimonio. Me has lastimado y rechazado. Tu comportamiento apesta y te voy a dejar, ¡bastardo!*

2a. Sea tan confrontativo como le sea posible con X y muéstrele exactamente por qué lo/la culpa. El pequeño espacio de esta sección sólo permite unas cuantas palabras, pero deje que las palabras que escogió representen la totalidad de su molestia. Si el objeto o la situación no tiene nombre, déle uno, o al menos escriba sobre él como si fuera una persona. Si la persona está muerta, háblenle a él o ella como si lo tuviera enfrente. Si quiere escribirlo todo, hágalo en forma de carta. *(Ver el*

213

Capítulo 24). Este paso le permite dirigirse a la persona directamente. Sin embargo, manténgase en una sola cuestión. No discuta otras cosas en la carta o en esta hoja de trabajo. Alcanzar su objetivo—Perdón Radical—requiere que tenga claridad precisamente respecto a lo que le molesta *ahora.*

---

2 (b). Por lo que hiciste (estás haciendo), me siento (identifique sus emociones reales aquí):

Profundamente herida, abandonada, traicionada.
Me siento muy sola y triste. Me has enojado.

2b. Es de vital importancia que se permita sentir sus sentimientos. No los *censure* o los *guarde.* Recuerde, venimos a este reino físico a experimentar emociones—la esencia de ser humanos. Todas las emociones son buenas, excepto cuando las suprimimos. Atascar emociones crea bloqueos de energía potencialmente dañinos en nuestros cuerpos.

Asegúrese de que las emociones que identifica representan las emociones reales que en verdad siente, no solamente *pensamientos* sobre cómo se siente. *¿Está enojado, contento, triste* o *asustado?* Si no puede ser específico, está bien. Algunas personas no pueden diferenciar un sentimiento de otro. Si esto se aplica a usted, simplemente note qué cualidad emocional general puede sentir con respecto a la situación.

Si quiere sentir sus emociones más claramente o más fuertemente, levante una raqueta de tenis o un bate y golpee todo lo que quiera unos cojines o almohadas. Use algo que haga ruido cuando golpee los cojines. Si el enojo lo asusta, que alguien lo acompañe cuando hace este ejercicio. Esa persona lo motivará y apoyará en sentir su enojo (o cualquier otra emoción) y hará que esté a salvo al hacerlo. Gritar en un cojín también ayuda a liberar sentimientos. Como lo he enfatizado muchas veces, mientras más se permita sentir el dolor, la tristeza o el miedo detrás del enojo, mejor.

3. Yo amorosamente reconozco y acepto mis sentimientos y no los juzgo más.

Dispuesto	Abierto	Escéptico	No dispuesto

3. Este paso importante le da una oportunidad para permitirse a sí misms alguna libertad de la creencia de que los sentimientos como el enojo, la venganza, los celos, la envidia e incluso la tristeza son malos y deben negarse. No importa cuáles sean, usted necesita sentir sus emociones de la manera exacta en la que ocurre en usted, porque son una expresión de su verdadero ser. Su alma quiere que las sienta completamente. Sepa que usted es perfecto, y deje de juzgarse a sí mismo por tenerlas.

Intente el siguiente proceso de tres pasos para integrar y aceptar sus sentimientos:

1. Sienta plenamente el sentimiento y luego identifíquelo ya sea como enojo, contento, tristeza o miedo.

2. Acepte los sentimientos en su corazón de la manera que son. *Ámelos. Acéptelos.* Ámelos como parte de su ser. Deje que sean perfectos. No puede desplazarse hacia la vibración del gozo sin antes aceptar sus sentimientos y hacer las paces con ellos. Diga esta afirmación: *"Yo pido el apoyo para sentir amor por cada una de mis emociones de la forma en que*

215

son, ya que las acepto en mi corazón y las acepto amorosamente como partes de mí mismo."

3. Ahora *sienta amor por usted mismo* por tener estos sentimientos y sepa que ha escogido sentirlos como forma de mover su energía hacia la sanación.

4. Mis sentimientos me pertenecen. Nadie puede hacerme sentir nada. Mis sentimientos son un reflejo de cómo veo la situación.

Dispuesto	Abierto	Escéptico	No dispuesto

4. Esta afirmación nos recuerda que nadie puede hacernos sentir nada. Nuestras emociones son nuestras. Mientras las sentimos, reconocemos, aceptamos y amamos incondicionalmente como parte de nosotros mismos, nos volvemos libres de decidir si aferrarnos a ellas o dejarlas ir. Esta comprensión nos da poder ayudándonos a darnos cuenta de que el problema reside no *allá afuera* sino *aquí adentro*, en nosotros mismos. Esta comprensión también representa nuestro primer paso lejos de la vibración del arquetipo de víctima. Cuando pensamos que otras personas, o incluso situaciones, nos enojan, contentan, nos ponen tristes, o con miedo, les damos a ellos todo el poder.

5. Aunque no sepa por qué o cómo, ahora veo que mi alma ha creado esta situación para que yo aprenda y crezca.

Dispuesto	Abierto	Escéptico	No dispuesto

5. Esta es probablemente la afirmación más importante en la hoja de trabajo. Refuerza la noción de que los pensamientos, sentimientos y creencias crean nuestras experiencias y que, más aún, nosotros ordenamos nuestra realidad de tal manera que apoyamos nuestro crecimiento espiritual. Cuando nos

216

abrimos a esta verdad, el problema casi siempre desaparece. Eso es porque no hay problemas, sólo malas percepciones.

La afirmación nos reta a aceptar la posibilidad de que la situación puede ser poderosa y a dejar ir la necesidad de saber el cómo y el por qué de ella.

Aquí es donde las personas con mayor inclinación intelectual tienen más dificultad. Quieren "pruebas" antes de creer algo. Por lo tanto, hacen del saber el "por qué" una condición para aceptar la situación como una oportunidad de sanación.

Esta es una trampa sin salida, ya que preguntar cómo y por qué suceden las cosas como ellos preguntan, es querer conocer la mente de Dios. Al nivel en el que estamos ahora en nuestro desarrollo espiritual, no podemos conocer la mente de Dios. Debemos dejar a un lado nuestra necesidad de saber por qué (que es una pregunta de víctima de cualquier manera), y rendirnos a la idea de que Dios no comete errores y, por tanto, todo está en un orden Divino.

La importancia de este paso está en su habilidad para ayudarlo a usted a dejar el camino de la modalidad de víctima por la posibilidad de que la persona, objeto o situación con quien tiene el problema refleje precisamente esa parte de usted mismo que ha rechazado y que pide ser aceptada. Reconoce que la esencia Divina interna, la parte conocedora de usted mismo, su alma - como quiera llamarla - ha establecido la situación para que usted pueda aprender, crecer y sanar una mala percepción o una falsa creencia.

Este paso también le otorga un poder. Una vez que comprendemos que hemos creado una situación, tenemos el poder de cambiarla. Podemos escoger vernos como las víctimas de una circunstancia o podemos escoger ver nuestra circunstancia como una oportunidad para aprender y crecer y llevar nuestras vidas de la manera que queremos.

No se juzgue a sí mismo por crear una situación. Recuerde, la parte Divina en usted la creó. Si juzga esa parte Divina suya, juzga a Dios. Reconózcase como un ser maravilloso, creativo y Divino con la habilidad de crear sus propias lecciones en el camino espiritual, lecciones que eventualmente lo llevará a casa. Una vez que pueda hacer esto, puede rendirse a la esencia divina que es y confiar que ella hará el resto.

---

6. He notado algunas pistas sobre mi vida, tales como repetir patrones y otras "coincidencias" que indican que he tenido muchas oportunidades de sanación en el pasado pero que no las reconocí como tales en ese entonces. Por ejemplo:

---

6. Este paso reconoce que somos seres humanos curiosos y que tenemos una necesidad insaciable de saber por qué las cosas pasan como pasan. Así que al haber dicho anteriormente que debemos abandonar nuestra necesidad de saber, este paso nos da la oportunidad de divertirnos un poco buscando las pistas más obvias que nos ofrezcan evidencia de que la situación siempre fue perfecta en una manera inexplicable. Siempre y cuando no hagamos de la evidencia un requisito para aceptar que así fue, no hay daño en ello, puede resultar en unos cuantos focos encendidos. Tenga en mente también que puede que nada lo sorprenda como evidencia de una u otra manera. Si nada sale a la luz, no se preocupe. Simplemente deje la casilla en blanco y siga al próximo punto en la hoja de trabajo. NO SIGNIFICA que la afirmación sea menos cierta.

218

El tipo de pistas que debemos buscar pueden ser algo así:

1. **Patrones Repetitivos:** Este es el más obvio. Casarse con el mismo tipo de persona una y otra vez es un ejemplo. Escoger compañeros de vida que son como nuestras madres o padres es otro. Que nos suceda el mismo tipo de cosas una y otra vez es una señal clara. Cuando las personas le hacen el mismo tipo de cosas, como defraudarlo, o nunca escucharlo, es otra pista de que hay un asunto que sanar en esa área.

2. **Patrones Numèricos:** No sólo hacemos las cosas repetitivamente, sino que a menudo también las hacemos en formas que tienen un significado numérico. Podemos perder nuestro empleo cada dos días, fallar en una relación cada nueve años, siempre crear relaciones de a tres, enfermarnos a la misma edad que nuestros padres, encontrar el mismo número en todo lo que hacemos, etc. Es de mucha ayuda construir un línea de tiempo como el que hice para Jill *(ver página 34)*, excepto que puede llenar todas las fechas y anotar todos los intervalos de tiempo entre ciertos eventos. Puede encontrar una correlación de tiempo significativa en lo que está sucediendo.

3. **Pistas Corporales:** su cuerpo le está dando pistas todo el tiempo. Por ejemplo, ¿siempre está teniendo problemas en una parte de su cuerpo o en áreas que son correlativas a chakras específicos y los temas que allí se manejan? Libros escritos por Caroline Myss, Louise Hay y muchos otros pueden ayudarlo a encontrar significado en lo que le está pasando a nuestro cuerpo y el mensaje de sanación que tiene.

219

En nuestro trabajo con pacientes con cáncer, por ejemplo, el cáncer siempre resultó ser una invitación amorosa a cambiar o tener la disposición de sentir y sanar un dolor emocional reprimido.

4. **Coincidencias y "Rarezas"**. Este es un rico campo de pistas. Cada vez que algo le parezca extraño o fuera de lugar, no como se lo esperaba o más allá de las probabilidades, sabe que algo pasa. Por ejemplo, no sólo es extraño que, en la historia de Jill, ambas chicas que obtenían el amor que Jill sentía que se le negaba a ella, se llamaran Lorraine, que no es un nombre común en Inglaterra, sino que también ambas eran rubias, de ojos azules y primogénitas de tres hermanos. El comportamiento de Jeff también era extremadamente poco característico. Lejos de ser cruel e insensible, Jeff es un hombre extremadamente bondadoso, educado y sensible. No puedo imaginarme a Jeff siendo cruel con alguien o algo. Su comportamiento hacia Jill ciertamente me sorprendió en su extrañeza.

Cuando alguna vez pensamos que las cosas sucedieron por casualidad y que sólo eran coincidencias, ahora estamos dispuestos a pensar que es el Espíritu haciendo que las cosas sucedan de manera sincronizada por nuestro mayor bienestar. Son estas sincronicidades las que subyacen en nuestras historias y una vez las vemos como tales, entonces somos libres de sentir la verdad en la afirmación "mi alma ha creado esta situación para que yo aprenda y crezca."

7. Estoy dispuesto a ver que mi misión, o "contrato del alma" incluye tener experiencias como esta—por cualquiera que sea la razón.

Dispuesto	Abierto	Escéptico	No dispuesto

7. Esta afirmación está simplemente allí para recordarnos una de la suposiciones del Perdón Radical, que venimos a esta experiencia de vida con una misión o acuerdo con el Espíritu para hacer ciertas cosas, ser de determinada manera o transformar ciertas energías. Sin importar la misión que fue o es, simplemente sabemos que las experiencias que estamos teniendo son parte íntegra del papel que venimos a desempeñar. La historia de la Princesa Diana es un gran ejemplo de ello. Es necesario tener en cuenta que la última parte de la afirmación nos absuelve de la necesidad de saber cuál fue la misión.

---

8. Mi incomodidad fue una señal de que estaba reteniendo amor de mí mismo y de (X) juzgando, alimentando expectativas, queriendo que (X) cambiara y viendo a (X) como menos que perfecto. (Haga una lista de los juicios, expectativas y comportamientos que indiquen que quería que (X) cambiara).

Me di cuenta de que mi compromiso era hacer que Jeff estuviera equivocado y culparlo por mi incomodidad—cuando realmente yo era responsable de ella todo el tiempo. Estaba juzgándolo y haciéndolo responsable de mi felicidad y requiriéndole que fuera diferente de cómo él era. No estaba reconociendo la verdad—que él me ama.

---

8. Cuando nos sentimos desconectados de alguien, no podemos amarlos. Cuando juzgamos a una persona (o a nosotros mismos) y les hacemos daño, retenemos el amor. Aún cuando les hacemos bien, estamos reteniendo amor, porque condicionamos nuestro amor a que su *rectitud* continúe.

Cualquier intento por cambiar a alguien involucra una retención de amor, porque querer cambiarlos implica que están en lo incorrecto (necesitan cambiar) de alguna manera. Aún más, podemos dañarlos al motivarlos a cambiar, porque a pesar de que podamos actuar con las mejores intenciones, podemos interferir con su lección espiritual, misión y progreso.

Esto es más sutil de lo que nos percatamos. Por ejemplo, si enviamos energía de sanación no solicitada a alguien porque está enfermo, de hecho estamos haciendo un juicio de que ellos no están tan bien como deberían estar y no deberían estar enfermos. ¿Quiénes somos para tomar esa decisión? Estar enfermos puede ser la experiencia que necesitan para su crecimiento espiritual. Naturalmente, si ellos piden una sanación, entonces es una cuestión completamente diferente y usted hace todo lo que puede en respuesta a su petición.. Sin embargo, aún los ve como perfectos.

Así que anote en esta casilla todas las veces que ha querido que la persona que está perdonando sea diferente o en qué aspectos quiere que cambie. ¿Qué juicios sutiles hace sobre la persona, que indican su inhabilidad para aceptarla como es? ¿Qué comportamiento exhibe que muestra que usted la critica? Puede sorprenderse bastante de saber que su bienintencionado deseo de que ella sea diferente *"para su propio beneficio"* era realmente sólo un juicio de su parte.

Si se supiera la verdad, es precisamente nuestro juicio el que crea su resistencia al cambio. Una vez que deja ir el juicio, él o ella probablemente cambiará. Irónico ¿cierto?

9. Ahora me doy cuenta de que
me molesto sólo cuando alguien
resuena en mí esas partes de mí
mismo que he desheredado, negado, reprimido y proyectado en esa persona.

Dispuesto	Abierto	Escéptico	No dispuesto

10. (X) está reflejando lo que
yo necesito amar y aceptar en
mí mismo.

Dispuesto	Abierto	Escéptico	No dispuesto

9 & 10. Estas afirmaciones muestran que cuando nos molestamos con alguien, invariablemente están reflejándonos esas partes nuestras que más despreciamos y hemos proyectado en ellos.

Si podemos abrirnos lo suficientemente para tener la voluntad de aceptar que esa persona nos ofrece una oportunidad de aceptar y amar una parte nuestra que hemos condenado y que él o ella es un ángel de sanación en ese sentido, el trabajo se habrá realizado.

Y como hemos dicho anteriormente, no le tiene que gustar la persona. Solo reconózcala como un espejo, agradézcale a su alma cuando haga esta hoja de trabajo y siga adelante.

Ni siquiera tenemos que adivinar qué partes de nosotros mismos están siendo reflejadas. Usualmente es demasiado complicado. Déjelo allí y no se deje llevar hacia el análisis. Funciona mejor sin él.

11. (X) está reflejando una mala
percepción mía. Al perdonar a
(X), me sano a mí mismo y vuelvo
a crear mi realidad.

Dispuesto	Abierto	Escéptico	No dispuesto

223

11. Esta afirmación nos recuerda que a través de nuestras historias, que siempre están llenas de malas percepciones, nosotros creamos nuestra realidad y nuestras vidas. Siempre atraeremos a nosotros personas que reflejarán nuestras percepciones erróneas y nos ofrecerán la oportunidad de sanar el error y seguir en dirección de la verdad.

	Dispuesto	Abierto	Escéptico	No dispuesto
12. Ahora me doy cuenta que nada de lo que (X) haga y lo que cualquier persona haya hecho es correcto o incorrecto. Dejo todo juicio.				

12. Este paso va en contra de todo lo que se nos ha enseñado sobre tener la capacidad de distinguir entre lo correcto y lo incorrecto, el bien y el mal. Después de todo, todo el mundo está dividido en esas líneas. Sí, sabemos que el Mundo de la Humanidad es realmente sólo una ilusión, pero eso no altera el hecho de que las experiencias humanas demandan que hagamos estas distinciones en particular en nuestras vidas diarias.

Lo que nos ayuda con este paso es darnos cuenta de que sólo estamos afirmando que no hay correcto o incorrecto, bien o mal, entre ver las cosas desde el punto de vista del gran panorama espiritual—desde la perspectiva del Mundo de la Verdad Divina. Desde allí tenemos la capacidad de ir más allá de la evidencia de nuestros sentidos y mentes y ver el propósito Divino y el significado en todo. Una vez que podemos ver esto, entonces podemos ver que no es correcto o incorrecto. Simplemente es.

	Dispuesto	Abierto	Escéptico	No dispuesto
13. Libero la necesidad de culpar y tener la razón, y estoy DISPUESTO a ver la perfección en la situación, así como es.				

13. Este paso lo confronta con la perfección en la situación y evalúa su voluntad de ver esta perfección. Mientras que nunca será fácil ver la perfección o lo bueno en algo como el abuso infantil, podemos tener la *voluntad* de ver la perfección en la situación, tener la *voluntad* de dejar el juicio y *tener la voluntad de dejar la necesidad de tener la razón.* Mientras puede ser difícil reconocer que tanto el abusador como el abusado de alguna manera crearon su situación para aprender una lección a nivel del alma, y que su misión era transformar la situación a beneficio de toda la gente abusada, podemos tener la *voluntad* de considerar este pensamiento.

Obviamente, mientras más cerca estamos de una situación, más difícil se vuelve ver su perfección, pero ver la perfección no siempre significa entenderla. No podemos saber las razones por las que pasan las cosas; debemos simplemente tener fe de que están pasando perfectamente y para el beneficio de todos.

Observe su fuerte necesidad de tener la razón. Invertimos mucho en tener la razón y hemos aprendido desde una temprana edad a luchar por tener la razón, lo cual significa probar que alguien más está equivocado. Incluso medimos nuestra propia valía en base a qué tan a menudo tenemos la razón; por lo que no sorprende que tengamos tanto problema aceptando que algo simplemente *es*—que no es inherentemente correcto o incorrecto. Si realmente no puede a estas alturas dejar su juicio sobre algo que parece feo, simplemente reconéctese con sus sentimientos (vea el paso #3 más arriba), muevase hacia ellos y admita que aún no puede tomar este paso. Sin embargo, *tenga la voluntad* de dejar su juicio. La voluntad siempre es la llave.

La voluntad crea esta impresión energética del Perdón Radical. Conforme cambia la energía, todo lo demás fluye.

14. A pesar de que no sé por qué o cómo, ahora me doy cuenta de que tu y yo hemos estado

Dispuesto	Abierto	Escéptico	No dispuesto

recibiendo exactamente lo que cada uno de nosotros escogió conscientemente y estábamos haciendo una danza sanadora con y por nosotros.

14. Esta afirmación sirve como otro recordatorio de cómo podemos instantáneamente volvernos conscientes de nuestras creencias subconscientes si vemos lo que se muestra en nuestras vidas. Lo que tenemos en un punto en particular en el tiempo es realmente *lo que queremos*. Hemos escogido, a nivel del alma, nuestras situaciones y experiencias, y nuestras elecciones no están equivocadas. Y esto es verdadero para todas las partes involucradas en el drama. Recuerden, no hay villanos o víctimas, solo jugadores. Cada persona en la situación está obteniendo exactamente lo que él o ella quiere. Todo el mundo está involucrado en una danza de sanación.

15. Te bendigo a ti (X) por estar dispuesto a jugar un papel en mi sanación y me honro a mí

Dispuesto	Abierto	Escéptico	No dispuesto

mismo por estar dispuesto a jugar una parte en la tuya.

15. Es enteramente apropiado bendecir a (X) por co-crear la situación para que usted pudiera ser conciente de las creencias que crea su vida. (X) merece su gratitud y bendiciones, ya que ésta co-creación y subsiguiente conciencia le da la habilidad de conocer sus creencias, lo que a cambio, le da poder con la habilidad de dejarlas ir. Cuando lo hace, puede tomar otra decisión inmediatamente sobre sus creencias y lo que quiere crear en su vida. (X) tiene el derecho de sentir la misma gratitud por las mismas razones.

226

16. Yo libero de mi conciencia todos los sentimientos de: (como en la casilla 2b)

Dolor, abandono, traición, soledad, tristeza y enojo.

16. Esto le permite afirmar que suelta los sentimientos que ha anotado en la casilla 2. Mientras estas emociones y pensamientos permanezcan en su subconsciente, bloquean su conciencia de la mala percepción que está causando la molestia. Si aún tiene sentimientos fuertes por la situación, está invirtiendo en lo que sea que sea la mala percepción—su creencia, interpretación, juicio, etc. No juzgue este hecho ni trate de cambiar su inversión. Solo nótelo.

Sus emociones sobre la situación pueden regresar una y otra vez, y usted puede también aceptar esto. Sólo tenga la disposición de sentirlas y luego soltarlas, al menos por el momento, para que la luz de la conciencia pueda brillar a través de usted y permitirle ver la mala percepción. Luego, una vez más, puede escoger ver la situación de una manera diferente.

Liberar las emociones y pensamientos correspondientes tiene un importante rol en el proceso de perdón. Mientras esos pensamientos permanezcan operativos, continuarán prestándole energía a nuestro antiguo sistema de creencias, lo que creará la realidad que ahora estamos tratando de transformar. Afirmar que soltamos tanto el sentimiento como los pensamientos apegados a él hace comenzar el proceso de sanación.

227

17. Aprecio tu voluntad (X) **Jeff**
de reflejar mis malas
percepciones, y te bendigo por
proveerme la oportunidad de practicar el Perdón Radical y la Auto Aceptación.

Dispuesto	Abierto	Escéptico	No dispuesto

17. Esta es otra oportunidad para sentir gratitud porque (X) haya estado en nuestra vida y por estar dispuesto a hacer la danza de la sanación con ustedes.

---

18. Ahora me doy cuenta que lo que estaba experimentando (mi historia de víctima) era el resultado de cómo estaba enmarcando (interpretando) la situación. Ahora comprendo que puedo cambiar esta "realidad" simplemente enmarcándola en términos espirituales y estando dispuesto a ver la perfección en la situación. Por ejemplo...
(Intente un punto de vista desde el Perdón Radical, el cual puede ser simplemente una afirmación general indicando que usted sabe que todo es perfecto o específico para su situación, si puede realmente ver el regalo que es. Nota: A menudo no se puede)

Ahora veo que Jeff simplemente estaba reflejando mi falsa creencia de que no era digna de ser amada, y me estaba dando el regalo de la sanación. Jeff me ama mucho y estaba dispuesto a pasar por la incomodidad de actuarlo por mí. Ahora veo que estaba obteniendo todo lo que yo quería para mi propia sanación y que Jeff estaba obteniendo todo lo que él quería para su propia sanación. La situación era perfecta en ese sentido y es evidencia del Espíritu trabajando en mi vida y de que soy amada.

---

18. Si no puede ver esta nueva interpretación que es específica en su situación, no hay problema. El punto de vista del Perdón Radical simplemente puede expresarse en una forma muy general, tal como, *"lo que pasó simplemente fue el desarrollo de un plan Divino. Mi Ser Superior lo hizo para mi*

228

crecimiento espiritual y las personas involucradas estaban haciendo una danza de sanación conmigo, así que, en verdad, nada malo sucedió" Escribir algo como eso sería perfectamente adecuado. Por otro lado, si usted pudo reflexionar sobre cómo todo funcionó con perfecto sentido, eso también está bien.

Lo que NO ayudaría sería escribir una interpretación basada en suposiciones arraigadas en el Mundo de la Humanidad, como dar razones de por qué pasó o poner excusas. Pueden intercambiar una historia de puras patrañas por otra, o incluso cambiarla a pseudo-perdón. Una nueva interpretación de su situación debería permitirle sentir su perfección desde el punto de vista espiritual y abrirse al regalo que le ofrece. Su nuevo punto de vista debería ofrecerle una forma de ver la situación que revela la mano de Dios o la Inteligencia Divina trabajando y mostrándole cuánto lo ama.

Nota: Puede tomarle muchas hojas de trabajo sobre la misma cuestión para sentir la perfección. Sea completamente honesto consigo mismo y siempre trabaje desde sus sentimientos. No hay respuestas correctas, no hay metas, no hay grados y no hay productos finales aquí. El valor reside en el proceso, en hacer el trabajo. Deje que cualquier cosa que venga sea perfecta, y resista la urgencia de editar y evaluar lo que ha escrito. No puede hacerlo mal.

19. Yo completamente me perdono a mí mismo _JILL_ y me acepto a mi mismo como un ser amoroso, generoso y creativo. Libero toda necesidad de aferrarme a emociones negativas e ideas de carencia y limitaciones. Retiro mi energía del pasado y libero todas las barreras en contra del amor y la abundancia que yo se que ya tengo. Yo creo mis pensamientos, mis sentimientos y mi vida, tengo el poder para ser yo mismo nuevamente, para amarme y apoyarme incondicionalmente, tal y como soy, en toda mi magnificencia.

19. La importancia de esta afirmación no puede enfatizarse lo suficiente. Dígalo en voz alta y permítase sentirlo. Deje que las palabras resuenen dentro de usted. El auto-juicio es la raíz de todos nuestros problemas, y aun cuando hayamos eliminado el juicio de los otros y los hayamos perdonado, continuamos juzgándonos a nosotros mismos. ¡Incluso nos juzgamos a nosotros mismos por juzgarnos a nosotros mismos!

La dificultad que experimentamos en tratar de romper este ciclo resulta del hecho de que la supervivencia del Ego depende de que nos sintamos culpables por ser quienes somos. Mientras más exitosamente perdonamos a otros, más trata el Ego de compensar haciéndonos sentir culpables sobre nosotros mismos. Esto explica por qué podemos esperar encontrar una enorme resistencia para movernos a través del proceso del perdón. El Ego se siente amenazado a cada paso y _dará batalla_. Vemos los resultados de esta lucha interna cuando no completamos una hoja de trabajo de perdón, cuando creamos más razones para continuar proyectando en X y sintiéndonos victimizados, cuando no encontramos el tiempo para meditar, o cuando nos olvidamos de hacer otras cosas que nos ayudan a recordar quiénes somos. Mientras más cerca estemos de dejar ir algo que disminuye la sensación de culpa, más patea y grita el Ego, por ello, más difícil parece el proceso de perdón.

Así que, esté dispuesto a pasar la resistencia, sabiendo que al otro lado están la paz y la dicha. También esté dispuesto a sentir cualquier dolor, depresión, caos y confusión que pueda ocurrir mientras pasa por ello.

---

20. Me RINDO al Poder más Alto que yo concibo como __***Dios***__ y confío en el conocimiento de que esta situación seguirá desenvolviéndose perfectamente y en acuerdo con la guía divina y la ley espiritual. Me reconozco como parte del todo y me siento totalmente reconectado con mi fuente de Poder. Soy restaurado a mi verdadera naturaleza, la cual es AMOR, y ahora restauro AMOR a (X). Cierro mis ojos para poder sentir el AMOR que fluye en mi vida y para sentir el gozo que fluye cuando el amor es sentido y expresado.

---

20. Esto representa el paso final en el proceso de perdón. Sin embargo *no* es un paso que usted deba dar. Usted afirma que está dispuesto a experimentarlo y entrega los resultados del proceso al Poder Superior. Pida que la sanación se complete por la gracia Divina y que usted y X sean restaurados a su naturaleza original, la cual es amor y reconectados a su Fuente que también es amor.

El paso final ofrece la oportunidad de dejar las palabras, los pensamientos y los conceptos y de realmente *sentir* el amor. Cuando llega al fondo, sólo el amor existe. Si puede realmente entrar en ese amor, está libre en casa. Usted no necesita hacer nada más.

Así que, tómese unos minutos para meditar sobre esta afirmación y ábrase a sentir el amor. Puede que tenga que intentar hacer este ejercicio muchas veces antes de sentirlo, pero un día, justo cuando menos se lo espere, el amor y la dicha lo envolverán.

21. Una nota a ti (X) ___**Jeff**___. Después de haber completado estas paginas, yo .....

Me he dado cuenta de la suerte que tengo de tenerte en mi vida. Sé que estamos hechos para estar juntos por una razón y ahora sé cuál es esa razón.

Totalmente te perdono (X) _**Jeff**___ porque ahora me doy cuenta que tú no hiciste nada malo y que todo está en orden Divino. Yo te reconozco, te acepto y te quiero incondicionalmente tal como eres. (Nota: *Esto no quiere decir que condonas el comportamiento o que tú no puedes definir tus límites. Eso es del Mundo de la Humanidad.)*

21. Usted comienza la hoja de trabajo del Perdón confrontando a (X). Su energía probablemente ha cambiado desde que comenzó, aunque el cambio haya ocurrido hace sólo un momento. ¿Cómo se siente ahora con respecto a (X)? ¿Qué quisiera decirle a (X)? Permítase escribir sin pensamientos concientes, si es posible, y no juzgue sus palabras. Deje que ellas lo sorprendan a usted.

Luego, mientras reconoce, acepta y ama a (X) incondicionalmente tal y como él o ella es, usted reconoce y perdona la proyección que hizo que vea a (X) como menos que perfecto. Usted puede amar a (X) sin juicios ahora, porque se dio cuenta de que es la única forma en que una persona puede ser amada. Usted puede amar a (X) ahora, porque se dio cuenta de que como él/ella aparece en el mundo representa la única manera en que él o ella pueden ser. Así es como el Espíritu ha deseado que él o ella sean para usted.

22. Una nota a mí mismo:

Yo me honro a mí mismo por tener el valor de pasar por esto y por poder trascenderlo sin ser la víctima. ¡Soy LIBRE!

Yo reconozco que soy un ser espiritual que está teniendo una experiencia humana, me quiero y me apoyo en todo aspecto de mi humanidad.

22. Recuerde, todo perdón comienza como mentira. Usted comienza este proceso sin perdón en su corazón y *lo finge hasta que lo consigue.* Así que hónrese a sí mismo por hacer esto y sea gentil consigo mismo, deje que el proceso del perdón tome el tiempo que tenga que tomar. Sea paciente con usted mismo. Sienta reconocimiento por el coraje que toma simplemente intentar completar esta hoja de trabajo de perdón, por enfrentar verdaderamente a sus demonios en el proceso. Hacer este trabajo toma mucha valentía, voluntad y fe.

21: Colapsando la Historia

La historia está en donde reside el dolor. Es lo que escribimos en la casilla # 1 para completar la oración *"La situación como yo la percibo ahora es..."*

Ya que aparenta ser la fuente de todo nuestro dolor e incomodidad, vale la pena volver nuestra atención hacia nuestra historia de víctimas para ver hasta dónde es real y si se justifica que nos aferremos al dolor. Podríamos darnos cuenta de que muy poco de dicha historia es realmente verdad. Podríamos darnos cuenta de que es sólo una historia que hemos creado para mantenernos atorados en la separación, para poder así reforzar nuestra creencia de que todos no somos Uno. También puede ser que hayamos creado esta historia para darnos pistas sobre lo que necesitamos sanar (perdonar) en nosotros mismos, para así llegar a percatarnos de que realmente todo es Uno.

Obviamente, esta es la última posibilidad a la que el Perdón Radical le presta atención, porque es nuestra creencia que el verdadero propósito de la historia—y por supuesto del papel de todos los actores que se encuentran en ella—es resaltar y hacer consciente lo que necesita sanarse. Es al desmenuzar la historia que encontramos nuestra oportunidad para aprender la verdad real sobre nosotros mismos y recodar quiénes somos realmente.

En el proceso de recrear cómo se formó la historia podemos usualmente ver cómo se formó primero una creencia central falsa y negativa, luego se reprimió y subsecuentemente se activó en la mente subconsciente para que así continuara creando circunstancias para reafirmarse a sí misma. Esto es lo que le pasó a Jill. *(Ver el Capítulo Uno)*. Su creencia central inconsciente era "No soy lo suficiente para ningún hombre" y ella la vivía. Una vez que colapsamos la historia y ella vio que no era cierto, sanó su creencia central y todo lo demás funcionó.

Estas creencias usualmente se forman cuando somos muy jóvenes. Cuando algo nos sucede, interpretamos esa experiencia y le damos un significado personal a la situación. Luego, confundimos lo que realmente sucedió con nuestra interpretación de lo que pasó. La historia que nos *inventamos* basándonos en una mezcla de hechos y ficción se vuelve nuestra verdad y un principio operativo en nuestras vidas.

Por ejemplo, digamos que nuestro padre se va de la casa cuando tenemos cinco años. Para nosotros, este evento es traumático y doloroso, pero en nuestra mente ese es sólo el principio de nuestra historia. A esa edad creemos que el mundo gira alrededor nuestro, así que sólo podemos ver las cosas desde ese punto de vista egocéntrico. Así que hacemos nuestras propias interpretaciones basados en ese punto de vista. Nuestra primera interpretación es que *¡él me dejó a MI!* Después de eso vienen muchas interpretaciones más que expanden la historia egocéntricamente, tales como: *"Debe ser mi culpa. Debí haber hecho algo malo para ahuyentarlo. El ya no me ama. Tal vez nunca me amó. Debo ser una persona indigna de ser amada si mi padre me dejó. No puede quererme y si él no me quiere ¿quién lo hará? Me imagino que si él no me ama, nadie lo hará y aunque lo hagan me abandonará después de cinco años porque eso sucede con los hombres que dicen que te aman. No puedes realmente* *confiar en los hombres que dicen que te aman porque de todas maneras están destinados a irse después de 5 años. Yo simplemente no soy muy digna de quererse. Nunca tendré una relación que durará más de cinco años. Si no fui lo suficientemente buena para mi padre, nunca seré lo suficientemente buena para nadie."*

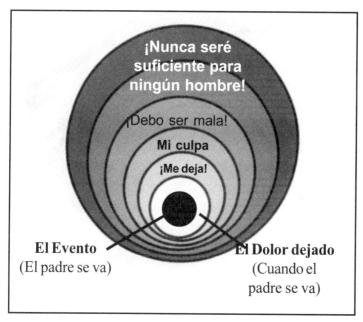

Fig. 14: Cómo crece una historia (falsa)

También podemos, si somos mujeres, inventarnos que los hombres siempre son susceptibles a ser "robados" por otras mujeres e inconscientemente crean situaciones en donde esto sucede—en este ejemplo, después de cinco años de estar en una relación, tal y como sucedió recientemente en uno de mis talleres con alguien que vivía esta historia.

Estas historias se vuelven una especie de giroscopios internos con sus propias frecuencias que atraen eventos y personas hacia ellos para que puedan actuar de acuerdo a las creencias que contienen. Pero como podemos ver, la única parte de la historia que es verdadera es el evento original. El padre se fue. Eso puede ser aproximadamente un 5% del total de la historia. El resto es simplemente una interpretación—las suposiciones hechas por una mente muy inmadura y asustada. ¡Eso hace que la historia sea en un 95% puras patrañas de un sistema de creencias!

Su Ser Superior sabe que esas ideas no sólo son patrañas sino también altamente tóxicas, así que si bien no puede intervenir directamente debido a que el Espíritu nos dio libre albedrío, trae a su vida personas que amorosamente "actuarán" partes en su historia una y otra vez hasta que se de cuenta de que no es real.

Nuevamente, esto es lo que pasó con mi hermana Jill. Cuando nuestro padre demostró el tipo de amor que Jill siempre había querido sentir por parte de él y nunca había sentido, hacia mi hija Lorraine, Jill lo tomó como que ella fuera inherentemente indigna de ser amada. Esa se volvió la historia en la que ella creyó hasta que trajo a alguien hacia su vida (Jeff) que pudo ayudarla a descubrir su historia y a ver que era falsa.

Descubrir la historia es la mitad de la batalla. Algunas veces son concientes de ella, algunas veces no. Glenda era sofisticada, inteligente, atractiva y una mujer realizada a los cuarenta años. Nunca se había casado. De hecho, nunca había tenido una relación que durara más de dos o tres años. Parecía que nunca podía conocer al *Sr. Perfecto*. Siempre que llegaba a conocer bien a un hombre, descubría algo sobre él que la molestaba o la hacía sentirse insatisfecha con la relación. Terminaba la relación. Esto pasaba una y otra vez. Sin embargo, ella no veía un problema. Como una mujer de negocios, ella decía que su trabajo le proveía mucha satisfacción. Por otro lado, ella era consciente de que estaba sola.

Un día, un buen amigo le preguntó, "¿Alguna vez te has preguntado por qué no duran tus relaciones? ¿Alguna vez has pensado que no es ese *algo* que ves en ellos lo que te molesta o te hace sentir insatisfecha sino *algo* en ti con lo que no has lidiado lo que no te permite tener una relación decente con un hombre?"

En ese momento Glenda simplemente descartó las palabras de su amigo, pero después empezó a pensar más profundamente sobre las preguntas que su amigo le había hecho. Decidió trabajar con un terapeuta para ver si había algo detrás de su patrón de comportamiento. El terapeuta la hipnotizó y ella regresó a la época cuando tenía ocho años.

Bajo la hipnosis, recordó que, a esa edad, ella llegaba a casa de la escuela cada día para jugar con su mejor amigo, Mark. Ellos habían sido mejores amigos desde que eran muy pequeños y eran verdaderamente inseparables en ese momento. Entonces ella recordó un incidente que sucedió un día cuando, después de cambiarse las ropas de la escuela, había corrido a la casa de Mark. Ella tocó la puerta y nadie contestó. Ella puso la cara cerca del vidrio y espió. Su corazón se hundió cuando vio que la casa estaba vacía. ¿Dónde estaban todos? ¿Dónde estaban los muebles? ¿Dónde estaba Mark? Ella no comprendía—no hasta que se volteó para dejar el patio delantero y vio un pequeño letrero sobre la grama. Decía "VENDIDO."

Finalmente Glenda comprendió que los padres de Mark habían vendido la casa y se habían ido llevándose a Mark con ellos—

se habían ido sin decir nada, ni siquiera un adiós, sin ni siquiera decirle. Mark ni siquiera había mencionado que se mudaba.

Dolida y confundida, Glenda se sentó en el jardín del frente por un par de horas antes de caminar la corta distancia a su casa. Ella recordó que había tomado dos decisiones durante ese tiempo. La primera era que no le iba a decir nada a sus padres. Si le mencionaban que Mark se había ido, ella pretendería que no le importaba. La segunda decisión era que nunca más iba a confiar en un niño (hombre).

Aparentemente había olvidado este incidente, pero cuando salió a la superficie durante la terapia se molestó nuevamente. Los años de duelo reprimido por haber sido abandonada por su mejor amigo salieron así como también el enojo por lo que ella vio como una traición.

Después de la sesión, ella fue a ver a su madre. Hablaron sobre Mark y le preguntó a su madre qué le había pasado a él y a su familia. "Oh, a su padre lo transfirieron", dijo su madre. "Todo pasó tan rápidamente, pero nos sorprendimos de que no dijeras nada porque se había ido. Pensamos que estabas realmente afectada, pero parecías llevarlo bien. De hecho, nosotros y los padres de Mark hablamos antes de que se fueran porque todos estábamos preocupados porque tu y Mark se afectaran terriblemente. Todos acordamos que sería mejor a la larga si no les decíamos nada sobre la mudanza a ninguno de los dos hasta el día en que sucediera. Ellos ni siquiera pusieron un letrero de "EN VENTA" en la casa. A Mark no le dijeron hasta que estaba en el auto camino a su nuevo hogar."

Glenda estaba sorprendida. Si Mark no sabía sobre la mudanza, entonces no la había traicionado después de todo. En ese momento se percató de esto—por más de 30 años había

240

permitido que una historia enterrada en su subconsciente guiara su vida y echara a perder todas las relaciones románticas que había tenido. No sólo eso, la idea en sí estaba basada en una suposición totalmente falsa.

Tan pronto como cualquier hombre se le acercaba a Glenda para ser su amigo y su amante, ella terminaba la relación. Ella creía que si se acercaba a un hombre, como lo había hecho con Mark, ella sería abandonada y traicionada de la misma manera. Ella no iba a arriesgar sufrir ese grado de dolor nuevamente por ningún otro hombre. No sólo eso, ella cerró, o suprimió sus sentimientos de abandono y traición el día que descubrió que Mark se había mudado. Más adelante, se entregó a su carrera como forma de evitar esos sentimientos.

El amigo que confrontó a Glenda con su patrón de auto-destrucción vio más allá de su historia y reconoció que algo más estaba sucediendo. Ella había creado muchas oportunidades de sanación pero se las había perdido todas.

Glenda vino al taller de Perdón Radical y perdonó al hombre del cual se había separado más recientemente y, como consecuencia, todos los otros a los que había juzgado como "no dignos de confianza" antes que él. Eso automáticamente neutralizó la idea original de que nunca podría confiar nuevamente en un hombre, así que se liberó para poder tener la relación que ella realmente quería.

A diferencia de Glenda, Jesse, otra participante de los talleres, era completamente conciente de su historia, pero no quería ver el error en ella. Esto era a pesar del hecho de que era espiritualmente bastante consciente. Ella estaba en uno de mis talleres y nos dijo que la acababan de despedir de su trabajo. "Eso está bien" dijo, "Es mi cuestión de abandono actuando nuevamente. Me despiden o pierdo una relación cada dos años. Es porque fue abandonada cuando era bebé."

Sospeché que la historia eran puras patrañas así que empecé a investigar el abandono. Lo que pronto descubrimos es que su padre había muerto justo antes de que ella naciera y que su madre se había enfermado y no había podido seguir cuando Jesse tenía dos años. Consecuentemente, Jesse pasó un tiempo con sus abuelos.

A pesar de que sin lugar a dudas estaba traumatizada por separarse de su madre, la verdad del asunto era que sus padres nunca la habían abandonado. Ellos simplemente estaban ausentes sin culpa alguna. Ellos ciertamente no la habían abandonado. Abandonar a alguien es tomar una decisión calculada y conciente de dejarlos. Es un acto deliberado. La mera ausencia no constituye abandono.

Tomar la ausencia como abandono era una interpretación que un niño pequeño puede realizar fácilmente y aún asíi la importancia va más allá de la semántica. Interpretando la ausencia de sus padres como abandono, siguió haciendo otra serie de interpretaciones como: *"Si mis padres me abandonan, entonces debo ser una persona indigna de ser amada. Nadie nunca estará conmigo por más de dos años porque, si mi madre me abandona después de ese tiempo, todo el mundo hará exactamente eso. Ellos no me querrán después de eso. Ellos se darán cuenta que soy una mala persona y se irán. Así es la vida."*

Jesse había vivido esta historia en particular por 52 años. Y se encontraba basada en una completa mal interpretación de la situación. Una vez que vio eso, pudo dejarlo ir y liberarse de la necesidad de crear abandono cada dos años para probar ese punto.

A pesar de su conciencia espiritual, ella había fallado constantemente en comprender que al proveer instancias de abandono cada dos años, el Espíritu estaba de hecho dándole oportunidades para despertar y sanar una historia tóxica que era una limitación en su vida y hería su alma. Hacer unas hojas de trabajo de perdón por la persona que la había despedido recientemente la ayudó a aclarar todas las otras veces en las que había sido "abandonada" por los últimos 52 años y a neutralizar su historia original de abandono.

El Centrifugador del Perdón

Utilizar esta herramienta les pudo haber ahorrado a Jill, a Jesse y a Glenda muchos años de lucha dolorosa. El Centrifugador del Perdón nos ayuda a separar *lo que realmente pasó* en una situación determinada, de nuestra *interpretación* sobre lo que pasó. Si usted posee el tipo de extractor de jugos en donde se colocan zanahorias y otras cosas por arriba y el jugo es separado de la fibra por la fuerza centrífuga de la cuchilla mientras gira, saben a lo que me refiero con el término centrifugador. Un centrifugador también se utiliza para separar el plasma de la sangre, la crema de la leche y así por el estilo. Una lavadora que gira y extrae el exceso de agua de la ropa funciona también de la misma manera.

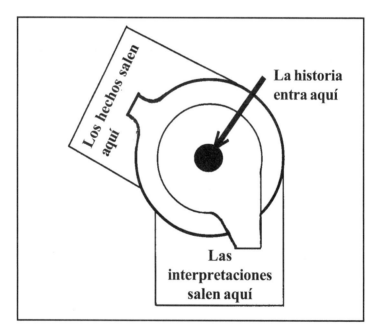

Fig. 15: Separando la Ficción de los Hechos

244

Un centrifugador de perdón simplemente revierte el proceso por medio del cual inventamos historias sobre lo que nos pasó. Para utilizarlo, tome la historia por la que está pasando ahora— la que le está causando incomodidad. Recuerde que lo más certero es que sea una mezcla de hechos (lo que pasó) e interpretaciones (todos sus pensamientos, juicios, evaluaciones, suposiciones y creencias sobre lo que pasó). Alimente la historia en la parte superior del centrifugador imaginario, así como lo haría con las zanahorias en el extractor de jugos y luego, en su mente, vea cómo la máquina separa los hechos de las interpretaciones.

Luego, como cualquier buen investigador, primero haga una lista de los hechos mientras emergen, siendo lo más objetivo posible. Luego haga una lista de las interpretaciones que usted hace sobre los hechos.

#	Los Hechos Sobre Lo Que Pasó

Después de escribir los resultados, reconozca los hechos y acéptelos. Reconozca que los hechos dicen lo que pasó y que nadie puede hacer nada para cambiarlos. No tiene más opción que dejar que lo que pasó sea exactamente lo que pasó, pero tenga cuidado con cualquier tendencia de dar excusas por lo que pasó. Esto es imponer interpretaciones sobre los hechos una vez más. Solo quédese con lo que verdaderamente pasó. Luego, examine cada pensamiento, creencia, racionalización, idea o actitud que impuso a lo que pasó y declare que todo eso es *irreal*. Afirme que nada de eso tiene validez. Dígase a sí mismo que sólo representa habladurías de la mente.

#	Mis Interpretaciones de lo que Sucedió

Luego, reconozca cuán importantes sus ideas, creencias y actitudes son para usted. Vea su *apego* a cada una de ellas y decida cuáles posiblemente está listo para dejar ir y cuáles no.

	Interpretaciones	% de Apego

Sea Amable Consigo Mismo

No se critique por estar apegado a alguna de sus ideas, creencias y actitudes o por no estar listo para dejarlas ir. Puede que las haya tenido por un largo período de tiempo. De hecho, puede que definan quién es usted. Por ejemplo, si usted es sobreviviente de un incesto o hijo mayor de un alcohólico, estas etiquetas, que representan ideas o creencias sobre usted mismo, pueden dar una referencia de quién es usted. Si usted deja ir estas ideas, asociadas con estas etiquetas, puede perder su identidad. Así que si bien quiere ser firme con usted mismo separando lo que es real de lo que ha inventado, sea gentil con usted mismo y permita que el tiempo libere estas creencias.

El siguiente paso después de esto es el cambio de cuadro del Perdón Radical—ver que la historia era perfecta y tenía que desarrollarse de esa manera. Tenga cuidado con la culpa, el enojo, la depresión y la crítica que puede sentir o dirigir a usted mismo cuando se de cuenta de que ha creado toda su vida alrededor de un conjunto de creencias falsas. *Por favor, no haga esto*. En vez de ello, recuerde que todo tiene un propósito y que Dios no comete errores. Use una o más de las herramientas de perdón para trabajar en perdonarse a sí mismo y en ver la perfección en la situación.

Si los hechos aún comprueban que algo *malo* sucedió—por ejemplo, un asesinato se mantiene como asesinato sin importar qué interpretaciones hayan hecho, la hoja de trabajo del Perdón Radical provee la mejor herramienta para ayudarlos a cambiar la energía alrededor de ese evento.

22: Cuatro Pasos Hacia el Perdón

Esta adaptación del proceso de tres pasos que enseña Arnold Patent* sirve como recordatorio de nuestro poder para atraer los eventos y las personas que necesitamos para sentir las emociones que tenemos sobre un situación determinada. El proceso solamente toma unos cuantos momentos, pero literalmente puede salvarlos de quedarse totalmente atrapados en el drama de lo que está pasando e irse a *victimalandia* para una larga estadía.

Cuando algo pasa y nos molestamos, es extremadamente fácil para nosotros olvidar todo lo que sabemos sobre el Perdón Radical. Hasta que estos principios se anclen firmemente en nuestras mentes, nuestra tendencia siempre es irnos hacia la conciencia de víctimas cuando nuestro enojo crea mucha turbulencia emocional. El problema es que, una vez allí, tendemos a quedarnos por un largo período de tiempo. Sin el punto de vista del Perdón Radical, probablemente usted podría quedarse allí por años, que es lo que hace la mayoría de la gente *(Ver el diagrama en la página siguiente).*

Sin embargo, si sabe de alguien que conoce el Perdón Radical y reconoce sus síntomas, él o ella lo hará hacer una hoja de

---

Patent A. M. *"Puedes Tenerlo Todo"* Simon & Schuster, 1995 y *"Los Impuestos, La Muerte y otras Ilusiones"* (Celebration Publishing, 1989)

trabajo o escuchar el CD de los 13 Pasos para que pueda regresar a la paz. Así como lo puede ver en el diagrama que sigue, cada vez que algo sucede nosotros nos volvemos víctimas y nos vamos a victimalandia por una larga estadía. Entonces se nos recuerda cómo todo podría ser perfecto, así que utilizamos la tecnología para expresar nuestra disposición de ver la perfección, y eventualmente regresamos a un estado de paz.

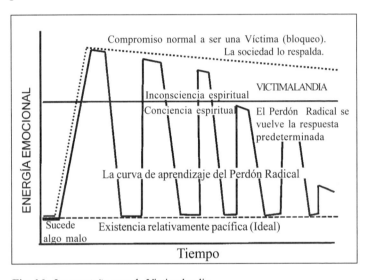

Fig. 16: La montaña rusa de Victimalandia

Sin embargo, esto puede ser un viaje fuerte y depende de que usted tenga a alguien que lo rescate. La forma de parar la montaña rusa es utilizar el proceso de los cuatro pasos *antes* de que reserve una habitación para usted mismo en ¡victimalandia! En el diagrama, el uso del proceso de los cuatro pasos está representado por las curvas que paran justo sobre la línea en la que usualmente nos volvemos inconscientes.

Cuando nos damos cuenta de que estamos utilizando este proceso naturalmente, entonces el Perdón Radical se ha vuelto nuestro estilo de vida predeterminado—uno que es, ciertamente ¡mucho más fácil!

Así que, tan pronto como se encuentre a usted mismo enojándose por algo, o incluso si se encuentra haciendo juicios, sintiéndose superiores moralmente o queriendo cambiar algo sobre una situación, utilice este proceso para alinear nuevamente su conciencia con los principios del Perdón Radical.

Paso Uno: *¡Mira lo que he Creado!*

Este primer paso nos recuerda que nosotros creamos nuestra realidad. Sin embargo, creamos circunstancias para nuestra propia sanación, así que no asuma *culpa* por lo que suceda. Al juzgar rápidamente, a menudo utilizamos este paso como una manera de *auto flagelarnos*. Decimos, "Mira lo que he creado. Oh, es terrible—debo ser una persona terrible, un fracaso espiritual" Por favor no caiga en esta trampa, porque si lo hace, cae en la ilusión.

Paso Dos: *"Noto mis Juicios y me Amo a Mi Mismo por tenerlos"*

Este paso reconoce que, como humamos, nosotros automáticamente asociamos una lista de juicios, interpretaciones, preguntas y creencias a las situaciones. Nuestra tarea implica aceptar la imperfección de nuestra propia humanidad y amarnos a nosotros mismos por tener estos juicios, incluyendo el que dice que debemos ser una persona espiritualmente moribunda por crear esta realidad. Nuestros

251

juicios son parte de nosotros mismos, así que debemos amarlos como a nosotros mismos. El hacer esto nos conecta con lo que realmente está pasando en nuestro cuerpo y mente y nos lleva al presente a través de nuestros sentimientos. Nuestra energía entonces, cambia rápidamente y nos permite ir hacia el tercer y cuarto paso del proceso.

Paso Tres: *"Estoy Dispuesto a ver la Perfección en la Situación"*

Este paso de *voluntad* es el paso esencial en el proceso del Perdón Radical. Equivale a rendirse orando en ese momento al Plan Divino y estar dispuestos a amarnos a nosotros mismos por no poder ver este plan directamente.

Paso Cuatro: *"Yo Escojo el Poder de la Paz"*

Este cuarto paso representa una consecuencia de todos los pasos previos. Al aceptar que un propósito Divino se encuentra en esta situación y que lo que aparentemente está ocurriendo puede ser una ilusión, escogemos sentir paz y utilizar el poder de la paz en cualquier acción que se requiera de nosotros. El poder de la paz se encuentra cuando estamos totalmente presentes en el momento, actuando con claridad y enfocados en hacer lo que se requiera y estando totalmente conscientes de nuestros sentimientos.

Practique este proceso de cuatro pasos tan a menudo como le sea posible. Hágalo parte de su conciencia. Le proporciona una manera de estar en el momento a lo largo de su día.

Para ayudarlo a hacer de este proceso su práctica, es una buena idea poner estos cuatro pasos en una tarjeta en su cartera o billetera, o una ficha de 3" por 5" para mantenerla en su refrigerador.

23: Viendo al Cristo en los Otros

Si usted reconoce que una situación que ocurre entre usted y alguien más representa una oportunidad para sanar algo en usted mismo, usted puede crear la experiencia de sanación estando totalmente en el momento presente. Una manera de traer su energía al momento presente, en vez de permitir que su mente esté en el pasado o en el futuro, requiere simplemente mirar a la persona con quien está teniendo el problema y *ver al Cristo en esa persona.*

En este sentido, el término *Cristo* significa la parte en ellos que es divina y una con usted y con Dios. Al hacer esto, se une a ellos y, en ese momento, reconoce al Cristo que está dentro de usted mismo. Si tiene la presencia mental para hacer esto, transformará la situación de inmediato.

Cuando realmente nos unimos con otra persona y nos volvemos una con ellos, trascendemos al Ego. Toda la existencia del Ego está basada en la separación. Sin separación, no tenemos necesidad de atacar y defender—así que en ese momento de unión elevamos nuestra vibración, soltamos todos nuestros mecanismos de defensa y nos convertimos en quienes realmente somos. Al mismo tiempo, dejamos ir nuestras proyecciones y vemos a la otra persona como un hijo de Dios, perfecto en todo sentido. Esta es la esencia del Perdón Radical.

Viendo al Cristo en Nosotros Mismos

Es importante reconocer que el mecanismo de proyección no sólo se aplica a nuestro lado oscuro. También proyectamos a otras personas las cosas que nos gustan de nosotros mismos, aunque nos cueste reconocerlo. Por ello vemos en esas personas nuestra propia belleza interior, nuestro propio talento creativo, nuestra propia inteligencia, etc.

El Ejercicio del Reflejo Positivo

Este es un ejercicio que enseña Arnold Patent. Tiene un poderoso efecto en aquellos que tratan de hacerlo porque les pide que vean, primero, qué es maravilloso en otra persona, y segundo, que reclamen esa cualidad como propia. Realmente conecta a las personas con su esencia—con el Cristo en ellos mismos—y les permite realmente ver quiénes son. El ejercicio se hace usualmente en grupo, pero también puede hacerse con dos personas. Es similar a ver el Cristo en una persona, pero en vez de hacerlo silenciosamente, este ejercicio se hace verbalmente y haciendo contacto visual.

La persona A, hablando con el corazón, le dice a la persona B, "Las cualidades bellas y maravillosas que veo en ti, y que tú reflejas en mí, son..." La persona A entonces le dice a la persona B qué cualidades ve. La personas B escucha y responde diciendo "Gracias". Después cambian los papeles y repiten el ejercicio.

24: Perdonar en tres cartas

Esta herramienta simplemente implica escribir tres cartas a la persona que usted siente que le ha hecho algún mal o lo ha lastimado de alguna manera. Funciona maravillosamente cuando usted está realmente molesto sobre algo que acaba de pasar; incluso funciona con algo que pasó hace mucho tiempo.

Ventile todo su enojo e ira en la primera carta. No retenga nada. Puede amenazar con una venganza de la más baja calaña si lo hace sentir bien. Siga escribiendo hasta que no tenga nada más que decir. El proceso de escribir esta carta puede hacer que llore bastante—lágrimas de enojo, de tristeza, de resentimiento y de dolor. Deje que fluyan. Tenga una caja de pañuelos a la par suya. Si está enojado, grite en una almohada o haga algún tipo de actividad física que lo ayude a sentir su enojo. *¡Bajo ninguna circunstancia envíe esta carta!*

Al día siguiente escriba otra carta. Ésta, de alguna manera, deberá llevar menos enojo y venganza, aunque aún no libere a la persona con la cual está enojado de lo que usted cree que le hizo. Sin embargo, en la ecuación debe haber un esfuerzo para llevar compasión, entendimiento y generosidad, así como también la posibilidad de algún tipo de perdón. *Tampoco envíe esta carta.*

Al día siguiente, escriba una tercera carta. En ésta, intente describir una nueva interpretación de la situación basada en los principios del Perdón Radical. Ya que esto imita las hojas de trabajo de perdón, refiérase a las notas de las hojas de trabajo como guía para hacer su carta, pero escríbala en sus propias palabras de la mejor manera que pueda hacerlo *(Ver el Capítulo 20)*. Esto puede sentirse como una lucha al principio, pero persevere. Recuerde que usted debe fingirlo por un tiempo antes de lograrlo.

Ninguna de estas cartas se envían. No es necesario ni deseable el enviarlas. Están diseñadas a cambiar *su* energía, no la energía del destinatario. El objetivo es ventilar sus sentimientos, en vez de proyectarlos una vez más a la otra persona. Enviar la carta de enojo, en particular, no logra absolutamente nada. Hacerlo simplemente continuaría el ciclo de ataque-defensa una y otra vez y los jalaría más profundamente al drama. Recuerde, al cambiar usted su energía en la dirección del Perdón Radical, la energía de la otra persona cambia automáticamente.

Puede tanto conservar las cartas para referencia futura o puede utilizarlas en un ritual de perdón. Mi preferencia personal es utilizar el ritual del fuego para transformarlas. Algo poderoso pasa cuando usted ve sus palabras convertirse en cenizas y elevarse en una columna de humo.

25: Rituales de Perdón

Hasta el día de hoy, el poder del ritual se ha subestimado en nuestra sociedad. Cuando ritualizamos cualquier procedimiento, lo hacemos sagrado; por lo tanto, el ritual nos habla directamente a nuestra alma. Mientras los rituales pueden ser bastante simples o complejos, la complejidad no importa tanto como la reverencia que le muestren al ritual. El ritual invita la participación de lo Divino en asuntos humanos y, como tal, representa otra forma de oración.

Los rituales se vuelven mucho más poderosos cuando los creamos nosotros mismos. Cuando diseñe sus propios rituales, sea tan creativo como pueda. Sin embargo, aquí hay algunas guías e ideas que tal vez quiera utilizar.

Ritual con Fuego

El fuego siempre ha sido el elemento de la transformación y la alquimia. Siempre que ofrecemos algo a través del fuego, nos topamos con creencias primordiales en el poder transformador del fuego. Por esta razón, un ritual que queme una hoja de trabajo de perdón, una carta de liberación, o la trilogía de cartas nos da una sensación de realización y transformación. Lleve a cabo la quema ceremoniosamente y con reverencia. Diga una oración mientras se quema el objeto.

Quemar maderas aromáticas, salvia, hierbas e incienso intensificará cualquier ritual y traerá un significado especial a la ceremonia de perdón. El humo de la salvia y las hierbas también limpia su aura; removiendo de su campo magnético energías no deseadas.

Ritual con Agua

El agua posee cualidades de sanación y limpieza y nosotros le damos la habilidad de hacer las cosas benditas. Un lavado ritualizado, sumergirse y flotar, todo puede ser utilizado para un buen efecto. Por ejemplo, en vez de quemar la carta de liberación, dóblela en forma de barco y deje que una corriente rápida de agua se la lleve.

Sea creativo con sus rituales y hágalos significativos para usted. Puede recordar la historia de Jane que tenía cáncer cerebral y había puesto en el ático una caja que contenía todo lo asociado con un hombre que había roto su corazón. Le pedí que sacara la caja del ático y la trajera con ella a la terapia. Si no hubiera tenido un ataque y muerto antes de que lo pudiera hacer, hubiéramos hurgado en la caja, examinando cada objeto en ella y lo que significaba para Jane. Entonces nos hubiéramos desecho de ellas, una por una, a través de un ritual que tuviera significado para ella. Este proceso hubiera liberado mucho su energía reprimida.

26: Perdón Artístico

El arte provee una herramienta poderosa para el perdón y la liberación emocional. Una de las sanaciones más dramáticas que yo he tenido el privilegio de presenciar y/o de participar en ella, ocurrió en el retiro que hice en Inglaterra. Una de las participantes era una mujer joven con esclerosis múltiple. Su cuerpo estaba débil e inútil y su voz casi no era audible. Su chakra de la garganta estaba virtualmente apagado. Ella tenía un esposo y dos hijos, pero su matrimonio era básicamente inexistente y se sentía atrapada, desahuciada y desesperanzada.

En un momento durante la sesión de terapia grupal de arte, ella comenzó a dibujar de una manera única. No podía hablar pero continuaba dibujando y dibujando. Era difícil discernir qué era lo que estaba dibujando pero se hizo claro con el tiempo que ella estaba usando ese medio como forma de regresar a sí misma y liberar un dolor viejo proveniente de la niñez.

Mi esposa y yo nos sentamos allí con ella mientras dibujaba hora tras hora, sus dibujos se volvían más y más aniñados conforme pasaba el tiempo. Además de sus dibujos, ocasionalmente escribía frases como "mala chica" y "Dios no me ama" y otras palabras indicando vergüenza profunda, culpa y miedo. Finalmente, ella hizo un crudo dibujo de lo que más adelante pudo descifrar como una violación infantil por parte de un tío. En esta liberación catártica, ella pudo expresar en dibujos lo que no había podido decir en palabras y sonidos. Su chakra de la garganta se había apagado por lo que había sido

261

forzada a hacer con su boca. (Su tío la había obligado a tener sexo oral con él.) Repentinamente, el arte se convirtió en una salida para recuerdos y emociones que habían sido reprimidos por muchos años. Estos recuerdos y emociones eran responsables de su enfermedad.

Para apoyar a esta mujer en su catarsis, mi esposa fue hasta el final de la gran habitación en donde estábamos llevando a cabo el retiro. Después, le pedimos que utilizara su voz para decirle a mi esposa que ella era una buena chica y que Dios la amaba. La hice decirlo más y más alto hasta que estaba gritando a todo pulmón. Después que gritó, *"Dios me ama"* cerca de veinte veces, paró, me miró y afirmó, "¡Él realmente me ama, ¿no es cierto?!" Nunca olvidaré ese momento de sanación.

Tres meses después de que regresamos de Inglaterra, recibimos una carta de ella diciendo que había dejado a su esposo, había conseguido un nuevo lugar para vivir y había encontrado un trabajo. Estaba usando su voz y pidiendo lo que quería y estaba dándose cuenta de que ella tenía el poder no sólo de pedir sino de recibir. Incluso había comenzado un grupo de apoyo para personas con esclerosis múltiple y estaba haciendo su terapia con ellos. Su fortaleza regresaba día tras día, y después de tres años, aún sabemos de ella y nos maravillamos de que continuamente incremente su fortaleza.

Si usted no es una persona que tenga una inclinación verbal y no se siente cómodo escribiendo las cosas, intente dibujarlas. Puede que se sorprenda de lo que pase cuando se comunique en esta manera. Compre papel blanco y negro de un tamaño decente, así como también algunos yesos y crayones pastel de colores. (Los colores pastel realmente funcionan bien sobre el papel negro).

Sepa que utilizar esta herramienta no requiere ningún tipo de talento. No se trata de pintar dibujos bonitos. De hecho, si están llenos de enojo, sus dibujos probablemente serán cualquier cosa excepto bonitos. Se trata de plasmar las emociones y pensamientos en papel.

Empiece a dibujar sin expectativas o ideas preconcebidas. Puede pedirle a Dios o sus guías espirituales que lo ayuden a liberar lo que sea que necesite liberarse a través del proceso de dibujar y colorear y luego simplemente comience. Lo que quiera venir, permita que fluya. No juzgue. Simplemente vaya con la corriente. Haga esto como una meditación. Si quiere contar una historia, hágalo. Si simplemente quiere utilizar el color, hágalo. Haga lo que sienta.

Utilizar la terapia de arte como una herramienta de perdón implica una aproximación similar a la de la trilogía de cartas. Haga una serie de dibujos que expresen cómo se siente con respecto a lo que una persona en particular le hizo; estos dibujos expresarán su enojo, miedo, dolor, tristeza, etc. Luego, avance a un cuadro mental más compasivo y comprensivo y haga algunos dibujos que reflejen esta actitud. Haga un tercer set que exprese el sentimiento del Perdón Radical. Puede que quiera darse un tiempo entre cada fase, o puede hacerlas todas al mismo tiempo. Asegúrese, sin embargo, que una vez que comience a hacer esta terapia de arte, de completar las tres etapas—aunque sólo haga tres dibujos en total. Hacer sólo el primero, por ejemplo, puede dejarlo estancados en el enojo.

Cuando termine cada dibujo, cuélguelo de la pared. Coloque cada dibujo en el orden preciso en que lo terminó y cree con ellos una banda vertical u horizontal en la pared. Si está creando un despliegue vertical, comience con el primero de los enojados colocándolo abajo y termine con el del Perdón Radical

263

colocándolo arriba. Cuando los coloca de esta manera, se maravillará de ver el progreso y el cambio en la calidad de la energía expresada en cada dibujo.

Déle un título a cada dibujo y póngales fecha. Pase algún tiempo con los dibujos. Deje que les "hable". Mientras dibujaba cada dibujo, tenía ciertos pensamientos. Cuando vea el dibujo después, limpie su mente de esos pensamientos y examine los dibujos para buscar algo más que sea importante. Invite a otros en quienes confía a que les de su interpretación de los dibujos. Puede que ellos vean algo que usted no ve. Pídales su opinión diciendo "Si este fuera tu dibujo, ¿qué verías?" Si lo que ellos ven resuena con usted, bien. Si no le hace sentido, también está bien. Ellos ven sus dibujos desde su propio subconsciente, no del de usted, pero se dará cuenta de que las observaciones de las personas dispararán en usted una nueva manera de ver sus dibujos, y puede que tenga algunas reflexiones nuevas como resultado.

27: Respiración Satori

Como lo hemos discutido anteriormente, las emociones suprimidas o reprimidas tienen efectos tóxicos tanto en nuestra salud mental como física. Liberar estas emociones nos sirve como primer paso en el proceso del perdón. Podemos liberar emociones que hemos reprimido de una manera más rápida y más efectiva utilizando un proceso llamado Respiración Satori. (Satori es una palabra en japonés que significa *reflexión* o *despertar.*)

La respiración Satori usualmente se hace acostados e involucra respirar con plena conciencia en un patrón circular. En otras palabras, usted concientemente respira en una manera en la que no hay pausa entre la inhalación y la exhalación. A lo largo del proceso se toca música cuidadosamente seleccionada, a alto volumen.

La persona respira por 40 o 60 minutos a través de la boca abierta, algunas veces larga y profundamente hacia el abdomen y otras veces rápida y superficialmente hacia el pecho. Esto oxigena el cuerpo de tal manera que el cuerpo libera de sus células emociones suprimidas. Mientras estas partículas de energía se liberan, la persona a menudo se vuelve consciente de estos sentimientos viejos en el momento presente.

Los sentimientos pueden expresarse como emoción pura, tal como tristeza, enojo o despecho, desapegadas de cualquier recuerdo asociado con ellas. Por el contrario, el recuerdo de un evento, idea, asociación o mala percepción que causó que se sintiera la emoción y se suprimiera, puede salir a relucir agresivamente. Puede incluso salir a la superficie de manera simbólica o a manera de metáfora. Por otro lado, puede que no haya un recuerdo consciente de nada. Para cada persona y en cada sesión de respiración, la experiencia es diferente, así como también imposible de predecir.

Conforme salen las emociones, la persona *respira a través de ellas*, lo que permite que la persona no sólo las sienta plenamente, sino que las libere. A menudo paramos de respirar para mantener vivas las emociones; por lo tanto, respirar a través de ellas nos permite sentirlas y liberarlas. En algunos casos, la persona las expresa verbal y cinestésicamente mientras respiran. No importa cómo se liberan las emociones, casi invariablemente, el proceso resulta en una sensación de calma y paz profundas.

Esta simple técnica provee efectos de sanación dramáticos y duraderos. No dudo en recomendar este trabajo a cualquiera que en serio quiere limpiar su armario emocional.

Los efectos de la Respiración Satori son profundos precisamente porque pasan totalmente dentro de la persona sin intervención, guía, dirección o manipulación alguna por parte del facilitador. De hecho, el facilitador está presente únicamente para *mantener seguro el espacio* y apoyar a la persona que respira a moverse a través de estos sentimientos— lo que algunas veces puede ser aterrador—en vez de suprimirlos nuevamente. No recomendaría que hiciera este proceso por sí solo por esa misma razón.

La respiración consciente conectada también se denomina *renacimiento* porque los investigadores han encontrado que la respiración nos da acceso a recuerdos y emociones almacenados en nuestras células de tiempos tan tempranos como por ejemplo durante nuestra experiencia uterina, durante el proceso de nacimiento, e inmediatamente después del nacimiento. El nacimiento representa nuestro primer gran trauma en la vida y nos formamos ideas profundas sobre la lucha, el abandono, la seguridad y la aceptación mientras atravesamos esta experiencia. Estas ideas a menudo se vuelven creencias que literalmente rigen nuestras vidas. Cuando alguien vuelve a experimentar su nacimiento y libera los traumas y creencias que se formaron en ese momento, sus vidas cambian dramáticamente.

Otro gran beneficio de la Respiración Satori proviene del hecho que integra nuevos patrones de energía en nuestros campos energéticos existentes y subsecuentemente reestructura nuestros cuerpos sutiles. Esto significa que cuando usted cambia su percepción, reflexiona o libera patrones emocionales antiguos, la respiración integra esto en los bancos de datos de su cuerpo. Usando la analogía de la computadora, es como si la respiración sirviera como un proceso de transferencia en donde la información actual almacenada en la memoria a corto plazo de la computadora se transfiere al disco duro para su almacenamiento permanente.

Esto también explica por qué la Respiración Satori es tan importante en el proceso del perdón Radical. Logra estas tareas, no sólo al principio del proceso con el propósito de la liberación emocional, sino que también después, cuando nuestro sistema de creencias cambia y todos los cambios resultantes en nuestros campos de energía necesitan integración. El proceso de integración ancla los cambios en nuestros cuerpos y ayuda a prevenir que regresemos a nuestro antiguo modo de vida.

Yo sugiero que realice entre 10 y 20 sesiones de respiración supervisadas durante un periodo de tiempo, el cual puede ser de hasta un año. Después de eso, usted probablemente podrá realizar el proceso de respiración por sí mismo.

28: La Carta de Liberación

La Carta de Liberación es una adaptación de una carta que me dio una hipnoterapeuta y terapeuta de mente/cuerpo, la Dra. Sharon Forrest de la Fundación Forrest, una corporación no lucrativa dedicada a la sanación holística alternativa, ubicada en México.

La Carta de Liberación proclama a su Ser Superior y a cada parte de su ser que usted da total permiso para que todos los aspectos de falta de perdón, que aún se encuentran en cualquier situación, sean amorosamente liberados. También sirve como un instrumento de auto-perdón, porque reconoce que usted ha creado las experiencias como forma de aprender y crecer.

Sáquele fotocopia a la carta tal y como está escrita en la página siguiente y agrándela a un tamaño apropiado. Para utilizar la Carta de Liberación, llene los espacios en blanco, haga que alguien le sirva de testigo y luego quémela de una manera ritualista.

Carta de Liberación

Fecha:_____ Nombre: _____

Querida Alma Superior:

Yo,_____ por este medio,
te otorgo a ti, mi Alma Superior, mi Mente Súper Conciente, mi ADN, mi
memoria celular y todas aquellas partes mías que puedan querer aferrarse a
la falta de perdón por cualquier razón que sea, permiso para liberar todos
los malentendidos, creencias sin fundamento, malas interpretaciones y
emociones mal encaminadas, en donde quiera que residan, ya sea en mi
cuerpo, mi mente inconsciente, mi ADN, mi mente consciente, mi mente
subconsciente, mi mente inconsciente, mis chakras e incluso mi Alma, y les
pido a todos aquellos que quieren lo mejor para mi que me ayuden en este
proceso de liberación.

Yo,_____ te agradezco, Alma mía, por crear
las experiencias que dieron lugar a la falta de perdón y me doy cuenta de que
en algún nivel todas han sido mis maestras y me han ofrecido oportunidades
para que aprenda y crezca. Yo acepto las experiencias sin emitir juicio
alguno y por este medio las libero hacia la nada de la cual provinieron.

Yo,_____, por este medio perdono a _____
Yo lo/la libero para su mayor beneficio y lo/la dejo libre. Yo lo/la bendigo
por haber tenido la voluntad de ser mi maestro. Yo corto todo tipo de
apegos no saludables hacia esa persona y le envío amor y apoyo
incondicional.

Yo,_____ por este medio
me perdono y acepto a mí mismo de la manera que soy y me amo
incondicionalmente de la manera que soy, en todo mi poder y magnificencia.

Yo,_____ por este medio
me libero a mí mismo, para mi mayor beneficio y exijo para mi mismo
libertad, la consumación de mis sueños, deseos y mentas, claridad, amor,
completa expresión, creatividad, salud y prosperidad.

Firmado: _____ Fecha: _____

Testigo: _____ Fecha: _____

29: La Rosa del Perdón

Cuando abrimos nuestro corazón a los demás, nos volvemos vulnerables y enfrentamos el peligro de convertirnos en el blanco de sus proyecciones. Su energía psíquica puede mezclarse con la nuestra y esto puede debilitar nuestra energía.

Mientras más talleres realizo, más me doy cuenta de en cuántos casos los problemas que la gente aparentemente tiene con alguien en particular provienen del hecho de que este último puede entrar y manipular su campo energético. Casi invariablemente, la persona con la que tienen el problema parece poder entrar a través del tercer chakra, en el cual se almacenan las cuestiones de poder y control. Una vez adentro, es fácil para él o ella controlarlas—succionándoles su energía o desechando la de ellos en las personas, a voluntad. Por supuesto, todo esto se hace subconscientemente—sin conciencia y esperamos que sin malicia—pero puede debilitar a la persona que está siendo manipulada e impone una gran carga sobre la relación.

Probablemente no se sorprendan cuando sepan que, muy a menudo, es la madre de la persona la que invade y controla—aún desde la tumba, añado yo. También puede ser el padre o el cónyuge o cualquier otra persona que quiere tener control sobre la vida de la persona, pero la mayoría de las veces es la madre.

271

La manera más fácil de que usted pare o prevenga que le suceda esto con las personas con quienes entra en contacto, es simplemente colocar una rosa imaginaria entre usted y la otra persona. Es una herramienta de protección sorprendentemente poderosa.

Fig. 17: La Rosa

La rosa es un símbolo de protección psíquica en muchas escrituras esotéricas. Por alguna razón, posee mucha potencia en este aspecto, probablemente porque es el símbolo universal del amor. Visualizar una rosa nos da protección contra las proyecciones de otros, ofreciendo una forma de bloquear la energía negativa sin cerrar nuestro corazón a la persona. No puedo explicar por qué la visualización de la rosa funciona tan bien a este respecto; de hecho, nosotros podemos crear protección psíquica con cualquier tipo de visualización, porque el simplemente hacerlo crea la intención de auto-protección. Sin embargo, la rosa se ha utilizado por siglos para este propósito y pareciera ser que funciona mejor que cualquier otro símbolo.

Así que de ahora en adelante, cada vez que se encuentre con alguien cuya energía no quiere que se mezcle con la suya, visualice la rosa al borde de su aura, o a la mitad de la distancia que hay entre usted y la persona. Luego note si se siente distinto mientras están en la presencia de esa persona. Al hacer esto deberá tener una sensación más definida de su propio espacio psíquico y su identidad mientras que a la vez está totalmente presente para la otra persona. No es necesario que esté en la presencia física de alguien para que éste último pueda controlar su energía, así que es una buena idea colocar su rosa aunque esté hablando por teléfono.

Si desea desarrollar esta habilidad aún más, ofrecemos un CD en nuestro sitio Web llamado "La Respiración Satori de Enraizamiento". Este lo lleva por una meditación corta guiada en la cual aprende cómo, antes de colocar la rosa, enraizar su energía, controlar su propio campo energético y luego equilibrar la energía en cada uno de los chakras.

Usted puede utilizar esto a diario para crear su rosa de "protección" para todo el día, así como también equilibrar sus chakras. En la noche, antes de irse a la cama, ponga todo lo que pasó durante el día en su rosa y hágala estallar—o *disuélvala,* si prefiere visualizarlo de esa manera.

También tenemos disponible en nuestro sitio Web un casette o CD que utiliza la técnica de la rosa en el proceso del perdón. Usted puede utilizar esto cuando surja la necesidad de perdonar a alguien. Se titula *La Meditación de la Rosa del Perdón.*

273

30: *Auto*-Perdón RADICAL

En los capítulos anteriores hemos aprendido, espero, que cualquier cosa que vemos *allá afuera* es un reflejo de lo que está *aquí adentro*, y que lo que vemos en otras personas es simplemente un reflejo de nuestra propia conciencia. Si usted es uno entre una muchedumbre de dos mil personas atiborradas en una habitación, realmente sólo hay una persona en la habitación—y esa persona es usted. El resto de la gente son reflejo suyo y su percepción de ellos es simplemente una historia que usted han creado en su mente. Nosotros siempre estamos mirando el espejo, y siempre se trata de nosotros. De la misma manera, por lo tanto, *todo* perdón es un auto-perdón.

Esto es lo que yo he estado discutiendo por mucho tiempo. El auto-perdón se da tan pronto como nos hacemos conscientes de que lo que vemos *allá afuera*, somos nosotros mismos. *(Ver los pasos 9 al 12 en la hoja de trabajo).* Una vez que vemos la verdad en alguien, automáticamente la reclamamos para nosotros mismos.

A mí siempre se me había hecho que era más fácil perdonar lo que estaba *allá afuera*, en vez de tratar de perdonarse uno mismo, pues estamos acostumbrados a operar en el mundo ya sea como sujetos o como objetos, pero nunca ambos al mismo tiempo—que es como funciona con el auto-perdón. ¿A quién le estamos pidiendo perdón cuando nos pedimos perdón a nosotros mismos? ¿Quién perdona a quién?

Por eso el auto-perdón resulta tan difícil ¡estamos tratando de ser jueces, jurados, acusados y testigos en el mismo caso! Parece que sería mejor (quizás) que perdonáramos a otros radicalmente, y al hacerlo, indirecta y automáticamente nos perdonaríamos a nosotros mismos al mismo tiempo.

Esto es muy cierto, porque la mayoría de las cosas que odiamos de nosotros mismos son inconcientes, y por lo tanto, están escondidas de nosotros. ¿Cómo podemos perdonarnos a nosotros mismos aquello de lo cual no sabemos nada? Afortunadamente, como ya sabemos, la Ley de la Atracción nos ayuda trayéndonos a alguien a nuestras vidas que resuena con esas cuestiones para que nos las reflejen. Inicialmente, por supuesto, nos molesta mucho pero conforme hacemos la hoja de trabajo y los perdonamos *(vemos la verdad)*, automáticamente nos perdonamos a nosotros mismos. Es por ello que decimos que las personas a las que juzgamos y que nos disgustan más son nuestros mayores maestros y sanadores.

Otra razón por la cual me resistía a hacer trabajo de auto-perdón era porque había notado que muchas de las personas que tendían a querer trabajar en perdonarse a sí mismos a menudo eran adictos a la auto-culpa y recriminación. Estas personas se abalanzaban ante la primera oportunidad de utilizar el auto-perdón como otra manera de auto-flagelarse. Cuando insistíamos en que primero debían perdonar a otros, no sólo rompíamos su negación respecto a no tener cuestiones con otras personas *(las que, por supuesto, siempre tenían)*, sino que también les permitíamos encontrar auto-perdón genuino a través del proceso normal del Perdón Radical.

Habiendo dicho esto, reconozco que aún hay una necesidad de proveer el contexto y el espacio para conectarse con y ofrecer misericordia y perdón hacia aquellas partes de nosotros mismos que han asumido culpa sobre algo que pasó y/o sienten vergüenza respecto a quiénes nosotros imaginamos que somos.

Durante el último año, he experimentado con un taller de auto-perdón llamado *Emerger*, y finalmente he comprobado que es una bella y profunda experiencia de sanación. Quisiera enfatizar, sin embargo, que el contexto para este trabajo de auto-perdón se mantiene exactamente igual al del Perdón Radical—es decir, desde el punto de vista espiritual, no existe correcto o equivocado, no existen las víctimas y los perpetradores y que no hay, por lo tanto nada que perdonar. Consecuentemente, la liberación de energía que virtualmente cada participante obtiene es real y significativa.

Una parte importante del trabajo más avanzado de auto-perdón que ahora ofrezco tiene sus raíces en un sistema terapéutico espiritualmente orientado que se conoce como Psicosíntesis. Este fue fundado y desarrollado a principios de 1900 por Roberto Assagioli, un psiquiatra italiano. Él estaba muy adelantado para su época y recién ahora se está reconociendo y apreciando el trabajo que él hizo. También estoy descubriendo que es bastante consistente con los principios del Perdón Radical.

El trabajo de Assagioli nos muestra que tenemos dentro de nosotros no sólo un niño interior singular, como se ha representado popularmente, sino muchas otras sub-personalidades. Muchas de estas sub-personalidades se crearon como manera de manejar o sobrevivir nuestras heridas primarias, o compensar nuestras deficiencias percibidas—las bases de nuestro lastimado sentido del ser.

[Debería añadir que aún las personas que fueron criadas en familias aparentemente saludables también pueden estar lastimadas. A menudo, la herida es sutil y puede ser incluso

el resultado de una mala percepción. Las heridas espirituales también, puede ocurrir como resultado de unos padres que proveen nutrición pero que se encuentran desconectados del Espíritu o presentan a Dios como una entidad separada de sí mismos, siendo así incapaces de impartir una conexión espiritual].

Assagioli mostró que para trascender estas heridas y expandirnos dentro de la totalidad de nuestro potencial, debemos hacer una *conexión empática* con cada uno de ellos a fin de que puedan revelársenos, ser comprendidos y luego perdonados—en el sentido del Perdón Radical, por supuesto. *(Caroline Myss utiliza un enfoque de alguna manera similar con sus arquetipos; así también lo hacen Hal Stone con su técnica de diálogo de voz, y David Quigley con su Hipnoterapia Alquimista).*

Anteriormente, tuve la intención de escribir otro libro cuyo tema fuera el auto-perdón, pero cuando comencé a escribir, me di cuenta de que aparte de este tipo de contenido académico, habría sido muy parecido a ese libro. Eso es porque básicamente hubiera sustituido la palabra perpetrador por la palabra víctima y esa hubiera sido la única diferencia. Por supuesto, hay otro contenido que hubiera añadido como lidiar con la sanación de sus propias sombras, similar a lo que Debbie Ford había hecho tan bien, pero en lo que respecta al Perdón Radical, hubiera sido ligeramente repetitivo.

Después de haber hecho bastantes talleres de *Emerger* y después de familiarizarme bien con el trabajo de Assagioli, me di cuenta de que necesitaba crear, además del taller, un programa de Auto-Perdón Radical en línea, basado en Internet, para que las personas pudieran hacer en sus propios hogares y lograr el mismo tipo de resultados. Eso es lo que he hecho.

Anteriormente, me surgió la pregunta ¿quién perdona a quién? Bien, existen realmente dos respuestas a esa pregunta. En caso del perdón tradicional, la petición se hace al ser humano o Ego—desde el Ego. Claramente, estamos realmente, en esta instancia, tratando de ser juez, jurado, acusado y testigos en el mismo caso. Es por eso que nunca tiene éxito. La corte dentro de nuestras cabezas se mantiene en caos y estancada. Estoy seguro de que muchos de ustedes saben cómo se siente eso.

Es completamente distinto con el Auto-Perdón Radical. La petición aquí se hace, no a nuestro ser humano en lo absoluto, sino a nuestro Ser Superior; nuestra conciencia *Yo Soy*. Esta es la parte trascendente de nuestro ser que no esta separado del Todo y, sin embargo, siempre esta aquí con nosotros en el centro de nuestro ser, observándonos desde arriba para hablarnos. También es la que sabe la verdad respecto a que no existe correcto o incorrecto, bueno o malo, y que al final no se identifica con el contenido o el proceso de nuestra vida. Simplemente observa.

El propósito del proceso de Auto-Perdón Radical, como yo he llegado a verlo y reflejarlo en nuestros talleres y programas en línea, es multifacético. En primera instancia, su propósito es ayudarnos a comprender la naturaleza del *ser* y nuestra relación con todos esos aspectos de nosotros mismos que constituyen quienes somos. Primero necesitamos tener la capacidad de identificar y luego encontrar una manera de relacionarnos empáticamente a las otras partes de nosotros mismos que nos hacen quienes somos, especialmente aquéllas que han experimentado un atraso en su nutrición durante los años formativos.

Una vez que hayamos identificado nuestras sub-personalidades heridas y comprendido su necesidad de existir como sub-personalidades sobrevivientes, o compensar sus deficiencias percibidas, entonces necesitamos ayudarlas a trascender la herida y ver la perfección en las circunstancias que causaron la herida en primer lugar. Luego, podremos expandirnos libremente en lo que nacimos para ser y llegar a la plena realización de quiénes somos realmente. Solo allí sentiremos amor incondicional y aceptación por nosotros mismos.

Eso nos habrá llevado a alinearnos completamente con nuestro ser trascendente que conoce nuestra perfección pura del YO SOY por un lado y reconocer por el otro, la verdadera perfección en nuestra imperfección.

Entonces podremos decir con plena comprensión de su significado: "¡Yo no estoy bien; tu no estas bien—pero eso está bien!"

Palabras Finales

Dado el hecho de que finalmente he llegado a la conclusión de que el Perdón Radical es algo mucho más grande que el simple proceso de perdonar – más grande, de hecho, de lo que alguna vez imaginé, este epílogo es sobre "*¿Qué sigue?*"

Desde el principio he sabido que el Perdón Radical nunca fue sobre el perdón en sí – al menos, no el perdón como tradicionalmente se lo piensa. Tampoco es una mera forma alternativa de perdonar más rápidamente o más efectivamente que cualquier otra manera de perdonar.

Aunque es eso, también es algo infinitamente más grande, más abarcante y más revolucionador. No es nada menos que una idea alucinante que hace añicos nuestras ideas existentes sobre la realidad y desafía nuestra visión actual del mundo. Nos invita a participar de un proceso que está arraigado en una realidad de 4 dimensiones que aún no entendemos. Tampoco hay muchas pruebas de su eficacia, salvo por la evidencia de nuestra propia conciencia del cambio significativo que sucede en nosotros cuando iniciamos este viaje. (*Su usted ha completado una de las hojas de trabajo, sabrá a qué me refiero*).

Se requiere que suspendamos nuestra manera habitual de pensarnos a nosotros mismos y a nuestras relaciones con el mundo, y que estemos abiertos a la posibilidad de que podemos comenzar a funcionar desde esta nueva realidad *(antes de realmente saber qué es y cómo funciona)*, simplemente estando dispuesto a hacerlo.

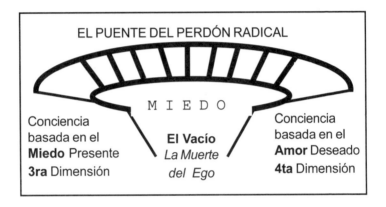

Pero el regalo realmente maravilloso que le ofrece a la humanidad yace en su capacidad de servir como puente – un puente que nos permite movernos libre y fácilmente, sin saberlo, entre una realidad de 3 dimensiones y una realidad de 4 dimensiones. Un puente que nos permite practicar funcionar desde la vibración de amor de la última mientras existimos físicamente en la primera.

Tal puente es necesario porque aunque muy profundamente sabemos que la realidad de cuatro dimensiones está basada en el amor, la paz, la unidad y el júbilo – y deseamos desesperadamente ir allí – nos aterroriza la idea de soltar aquello que nos es tan familiar. Esto es verdad a pesar del hecho de que la realidad actual está basada en miedo, separación y dolor. La duda es real y está profundamente arraigada - ¡qué pasa si salto al vacío y encuentro que después de toda esa realidad no existía!

Entonces, mientras que la tecnología del Perdón Radical claramente parece tener como objetivo ayudarnos a perdonarnos a nosotros mismos y a otros, su propósito *real* es darnos la oportunidad de *practicar* la existencia en esa otra realidad con la bendita ignorancia de nuestra presencia real allí. Nos calma pensar que simplemente estamos completando una hoja de trabajo para el perdón, o que estamos siguiendo alguno de los otros procesos, cuando en realidad estamos, sin saberlo, cruzando el abismo y funcionando en una realidad de cuatro dimensiones. Usando "humo y espejos" y la bendita ignorancia, nuestro Ego acompaña felizmente el proceso.

Como cualquier otra cosa, cuanto más practicamos algo, menos le tememos. Cuando llegue el momento de pasar por el cambio – el cual creo inminente – estaremos tan acostumbrados a estar en la vibración de una realidad basada en el amor (por usar el Perdón Radical), que nuestros miedos sobre el salto final se evaporarán.

Esto me trae una pregunta que las personas preguntan frecuentemente luego de haber terminado alguno de mis talleres. *"¿Cómo puedo permanecer en la vibración del Perdón Radical y no ser arrastrado de vuelta a una conciencia de víctima por el mundo que me rodea?"*

La respuesta más rápida es simple — seguir usando las herramientas. Cada vez que lo hacemos, nos arraigamos más y más a la realidad de cuatro dimensiones y, con el tiempo, será cada vez menos posible que elijamos volver a la tercera dimensión.

Eventualmente, se convertirá en nuestra forma de ser *predeterminada* y nos habremos estabilizado en un ritmo vibratorio más alto.

283

Eventualmente, se convertirá en nuestra forma de ser *predeterminada* y nos habremos estabilizado en un ritmo vibratorio más alto. Pero hay un aspecto mucho más profundo en esta pregunta que también debemos atender. Para seguir usando las herramientas con el objetivo de permanecer en la cuarta dimensión y elevar nuestra vibración, *debemos permanecer DESPIERTOS*.

De acuerdo con el diagrama de la página 254, *(Capítulo 22, Fig. 16)*, vemos que si nos alteramos al grado de superar la línea que marca tanto la pérdida de la conciencia espiritual y nuestro paso a Victimalandia, estamos en grandes problemas. El resultado es una disminución dramática de nuestro ritmo vibratorio y la pérdida de conciencia de la nueva realidad encontrada. Nos encontramos de vuelta en el mundo de la separación y en una realidad basada en el miedo – de vuelta en las garras del Ego. En este punto lo más alejado de nuestras mentes es hacer una hoja de trabajo o escuchar los 13 pasos. En resumen, estamos perdidos.

Ahora veo este fenómeno no sólo como un contratiempo para las personas que pierden lo que obtuvieron a través de la experiencia del Perdón Radical, tal como la pregunta supone que podría pasar, pero como el obstáculo más factible de impedir el éxito de la misión de crear un mundo de perdón para el año 2012.

Como ustedes saben, se requiere una gran cantidad de personas con sus conciencias lo suficientemente elevadas para contrarrestar a muchas otras cuyos ritmos vibratorios permanecen bajos, para crear el Despertar.

Entonces es vital que todos aquellos cuyas conciencias han sido elevadas *(aunque sea leyendo este libro)*, permanezcan despiertos y comprometidos en el proceso que les permite atravesar el puente.

Otra pregunta que siempre surge cuando las personas se dan cuenta simultáneamente, primero el potencial de este trabajo de hacer una enorme diferencia en el mundo, y segundo, que en este trabajo yace la oportunidad para ellos de realizar una tarea llena de significado y satisfacción, es: *"¿Cómo puedo compartir esto con otros para que puedan aprender sobre este poderoso trabajo y recibir los mismos beneficios que yo?"*

La respuesta es que ahora contamos con algunos programas de certificación profesional que entrenan a las personas para que se conviertan en líderes de lecturas, líderes de grupos de discusión, entrenadores y líderes de talleres. Usted puede encontrar detalles en nuestro sitio Web.

Otra forma de responder a esa pregunta es resaltando que el Perdón Radical es un fenómeno de transmisión oral. Usted estaría contribuyendo de gran manera si simplemente le contara a sus amigos acerca del Perdón Radical.

Así que aquí lo tiene — el Perdón Radical finalmente se ha revelado. Ha estado, hasta ahora, disfrazándose de una simple manera de sanar su vida *(lo cual, por supuesto, es así)*, pero ahora se ha 'revelado' como una poderosa tecnología que, además de ayudarlo a sanar y erradicar bloqueos en su vida, elevará su vibración considerablemente, lo despertará completamente y lo ayudará a convertirse en un ser espiritualmente poderoso, completamente capaz de cambiar rápidamente entre la tercera y la cuarta - e incluso la quinta -

dimensión de la realidad. Es también una forma para que cada uno de nosotros, tanto individual como colectivamente, podamos marcar una diferencia importante en el mundo. Al tiempo que nuestro ritmo vibratorio aumenta, nos encontraremos siendo llamados a hacer más para ayudar a otros y prepararnos para el gran Despertar.

Gracias por acompañarme en este viaje. Hay mucho para esperar y mucho por lo que estar entusiasmado. Estoy agradecido de que ustedes estén en mi vida.

Namaste.

Colin Tipping   Noviembre 2007